第四届“文学福田”出版工程

一见如故的季节

嶺南美術出版社

中国 · 广州

图书在版编目（CIP）数据

一见如故的季节 / 张檣著. —广州：岭南美术出版社，2020.12
（第四届“文学福田”出版工程）
ISBN 978-7-5362-7146-3

Ⅰ.①一… Ⅱ.①张… Ⅲ.①散文集—中国—当代 Ⅳ.①I267

中国版本图书馆CIP数据核字(2020)第227474号

责任编辑： 王效云
责任技编： 谢 芸

一见如故的季节

YIJIANRUGU DE JIJIE

出版、总发行：岭南美术出版社（网址：www.lnysw.net）
（广州市文德北路170号3楼 邮编：510045）
经　　销：全国新华书店
印　　刷：深圳市福圣印刷有限公司
版　　次：2020年12月第1版
2020年12月第1次印刷
开　　本：889 mm×1194 mm 1/32
印　　张：6.75
字　　数：145千字
印　　数：1—2000册
ISBN 978-7-5362-7146-3

定　　价：37.00元

目　录
contents

乡愁的形状

在城市的上空盘旋

味蕾上的记忆

星空的微笑

乡愁的形状

云上嘉年华

这只是一次普通的空中旅行，我靠近舷窗，俯瞰窗外机翼在跑道上缓缓滑行。似乎已成惯例，每逢搭乘飞机，在更换登机牌时，我都会要求值机柜台的工作人员给我一个靠近舷窗的座位，为的就是能够亲近蓝天白云。有时忘了特别提醒，若是值机工作人员随机给我安排一个座位，航行中，夹在陌生人中间，轻易动弹不得，也不能频频望向窗外，我就感觉特别郁闷，手足无措，既不想读书，更不想翻看座位前夹袋里放着的航空杂志，便只有闭上眼睛假寐了。

想想看，作为肉眼凡胎，庸常的现实中，这辈子我们既无法飞离地球，也无望成为坐上火箭升天的宇航员，唯一能够上天的机会唯有搭乘飞机了，我们怎么能不借此良机任目光在蓝天白云间尽情遨游呢?

就像无数次所重复的那样，飞机在经过一阵缓缓地滑行后，收拢起落架，开始爬升，一千米，两千米，五千米……接着到了一万米的高空，飞机摆正位置，便按着既定的航线飞行。这时，透过舷窗，刚才还是灰蒙蒙的人间城郭，蓦然间已是晴空万里白云漫卷，正长镜头般推移。与在大地上我们仰望的迥异的未被污染的天空，一碧如洗，如同崭新的刚刚拉开的幕布；云朵也不像我们在地面望去的总仿佛在急着赶路，而是变得安详和富有亲和力，仿佛一招手，它们就会停下，不，它们本来就是在休憩和歇脚，我们的飞机途经于此，也许只是碰巧遇见了它们而已。

儿时，坐在草地上，依偎在外婆的身边，望着一朵朵云彩在天上飘啊飘，我们都会好生奇怪，怎么忽而像一只小绵羊，忽而像一头大象，忽而像一个巨人在赶路，忽而又像一条白帆船在漂流。的确，白云苍狗，变幻无常，云朵可以在我们眼中幻化出无数形象，让我们为之惊叹。网上就常常有人晒出千姿百态的云图，有叼着烟斗的男人，还有杰克逊的脸。我也有幸拍到过这样的奇特云团。某年深秋在新疆旅行，搭乘长途巴士在连霍高速疾驰，透过车窗，我赫然发现西天的一朵云彩变成了一个飞人，他有圆圆的脑袋，魁伟而修长的身躯，最叫人啧啧称奇的是他还有一双巨大的翅膀。正好手中握有数码相机，我便忙不迭按下快门，接连拍下好多张照片。盐湖、大坂……一个个路牌从窗前飞过，“鸟人”也一直跟着我们在天边御风而行……

在空中飞行，当一朵朵云在舷窗外聚集，也意味着我们可以近距离打量和辨识。云飘来云飘去，一朵朵争奇斗艳轻歌曼舞，分明在举行云彩的大巡游，天上的嘉年华——云的世界一样喧闹和繁华。

而此刻，飞机在爬升到一万米高空后，眼前却有几分凄清，云层呈现出另一番情景，远处的云团像巨大的冰山在缓缓漂移，机翼下的云层则如冰川一般绵延不绝。天空如此碧蓝和洁净，飞机在冰川上投下歪歪扭扭匆匆行走的影子，一座座冰山推搡着，我们就仿佛在南极的上空航行。我想神话里的广寒宫也该是这般情景吧，那些仙人们不再是踩着一片云飘来飘去，而是直接可在冰河上嬉戏溜冰了。

长久地凝视窗外，窗外是浩瀚的天际，思维也极易天马行空无拘无束。上网有时会看到有人在空中邂逅飞碟的美丽传言，前不久据称就有英国民航飞机在高空与飞碟不期而遇，那个庞大闪光的圆盘与飞机仅有几百米的距离，眼看就要相撞，却遽然消失于无形。在空中飞行，我也常常期盼能有这样的奇遇，一次在飞往中原的途中，恍惚间我真的与UFO（不明飞行物）相遇了。我正俯瞰窗外，忽然一个巨大的圆盘从眼前急速掠过，陡然跌落于云峰之中，庞大的圆盘在阳光的照射下发出炫目的光亮。这一切转瞬即逝，飞快得叫我不能断定究竟是真实抑或幻象。

“飞机遇到气流，将会产生颠簸，请大家系好安全带……”忽然，乘务员在机舱内广播。话音未落，机身已是一阵动静不小的晃荡。所谓遭遇气流，也即飞机一头扎进云层，开始在厚积的云峰间起伏。再打量窗外，刚才还是丽日艳阳，转眼已是混混沌沌，什么也看不见，什么也触摸不到，仿佛坠入无尽的虚空，在跌跌撞撞中前行。随着机身不断晃动，人的身体也出现了晕眩和耳鸣这些生理反应。这也是空中旅行中常有的插曲，大家对此早已安之若素。果不其然，猛然一个拉升，飞机很快就冲过这道迷障，与此同时，望向窗外，正有大块云朵纷纷扑来，尽情展示着风云变幻扑朔迷离的景象。那些云朵眼看就要压过来了，却只是轻轻擦过机身，就像雾一般飞走飘散。随即豁然开朗，蓝天的幕布又重新拉开，一切复归平静，机身也变得平稳。——刚才这一幕，都发生在短短的几分钟内，却仿佛叫人经历了惊悚片一般跌宕起伏的剧情。

这趟航程统共只有两个半小时，却像所有的空中航行一样，降落的时间将持续半小时。乘务人员走来，开始招呼大家收起小桌板拉起遮光板，于是前面那个一直罩得黑乎乎的遮光板纷纷拉了上去，昏暗的机舱变得明亮。八千米……六千米，当飞机徐徐下降，我发现，与往日飞行中降落时所见到的情景迥然不同，此刻窗外的云层像水流一样清澈和透亮，下面那座我所熟悉的城市渐渐显现出影影绰绰的轮廓，仿佛是一座沉睡海底的宫殿，在等着我们的发现和探险呢。

我是个方向感极差的人，在陆地上徒步或驾车极易迷路，身处空中也一样不辨东西。记得一次飞机降落时，一个邻座的男子一五一十说出机翼下我们共同居住的这座城市的建筑和公路干道，我却依然迷迷糊糊。现在当飞机一个转身，城市那巨大的身形蓦然横卧面前，我也一样不明究竟，只是睁大眼睛，打量着机翼之下这座我熟悉的城市，夜幕徐徐落下，一簇簇灯火闪闪烁烁，分明像是抖开了一袭华丽的黑袍，环佩叮当，活色生香……

京城无处不飞花

都说四月是北京最美的季节。这时候，天是蔚蓝的，抬眼看，还轻飘着朵朵白云，像一叶叶白帆轻轻浮过来。这背景，叫人正好想起一首与北京相关的歌——《让我们荡起双桨》：“海面倒映着美丽的白塔，四周环绕着绿树红墙。小船儿轻轻，漂荡在水中，迎面吹来了凉爽的风。”是的，这才是北京。这时候的北京，叫人根本想不起一年里还会有恼人的沙尘暴和雾霾天。

我数次夏天来京都，不过眼下充其量只能算是晚春，虽然气温已达二十多度，一天之内温差却大，而且走到哪里，都有小风拂面。更惹眼的，四处都是枝繁叶茂郁郁葱葱，需要说明的是，那不是浓绿，而是浅绿，是那种刚刚苏醒刚刚萌发的新绿。最初住在香山，中午在景区闸口前散步，我还惊喜地见到了槐树。这是北方最为常见的树木，我如此大惊小怪，实在是因为长居南方睽违北方风物久矣。槐树虽只有三两棵，却分明举起了春天的旗帜。细观那钱币大小的圆叶，十分鲜嫩和细小，在阳光下正显现出欣欣然的生机。

随后几日，我又移师三环金融街，那天清晨，穿过胡同去一家餐厅吃早餐，竟见眼前飞舞着片片飞花。轻轻款款，似雪非雪，仿佛与人搭讪似的，都纷纷飞了来，旋转着身体，要扑入人的怀抱，一愣神，倏忽又不见了踪影。

都说春城无处不飞花，却不晓京城原来也是满城飞花，纷纷扬扬，洋洋大观。

我不了解这轻扬的飞花，究竟是柳絮还是杨絮，也许是二者的混合吧。但见这轻盈的花絮在胡同里城墙边曼舞，沾人衣襟，扑入行人的怀抱，于是人的思绪也变得恍恍惚惚，脚步开始慌乱，竟忘记顾及眼前的路，险些被一个踩自行车急匆匆赶路上班的人撞上，对方什么也没有说，却似乎有些恼怒——要怪就怪这满城飞舞的飞絮去。

几天里，无论是去小西天，还是在荣宝斋，都与这满城飘飞的花絮做伴。不由想起徐志摩那首《雪花的快乐》：“假如我是一朵雪花，翩翩的在半空里潇洒，我一定认清我的方向——飞扬，飞扬，飞扬，——这地面上有我的方向。”诗中的雪花其实也可置换为飞花，翩翩地在半空潇洒，竟也叫人有贴着地面四处飞扬的冲动。

眼下的北京当然不是一座闲适之城，到处都充满喧腾，但这一刻却呈现出闲适慵懒的一面。也许你正心急火燎地赶往某座大厦某个商务中心，然而半路上却被满城蹁跹的飞花勾连思绪绊住匆匆脚步，北京是如此辽阔的城市，又时不时遭遇拥堵，也不是想去哪里马上就能去的，不如掉转脚步，且去后海的茶馆喝杯茶香四溢的茉莉花茶，或者到琉璃厂赏画，或者哪儿也不去，就随飞舞的花絮，沿一地的绿荫，一直走进胡同的深处，春天的深处。

北京蓝调

在微信朋友圈发了几张在北京的照片，也就是冬日午后在什刹海一带游走随手拍下的场景，光秃秃的树枝、结了薄冰的湖面和一碧如洗明净的蓝天。有朋友浏览后感叹：好冷的蓝。

我数度来京竟然都是在夏日，从未遭遇过雾霾，也从未遭遇过寒流，所以不管听到别人抱怨北京的天气如何糟糕，我在大脑里储存的对于北京的印象一直是丽日艳阳、花红柳绿，是姜文电影里那个“阳光灿烂的日子”。但我这次与同事赴京偏偏赶上了数九寒冬。从南方搭乘飞机在首都机场降落，当听闻地面温度已接近零下四度，不由倒抽一口凉气。尚未走出航站楼去搭乘开往市区的接驳地铁，已感到一阵刺骨的凉意袭来。走出东直门地铁站，我感觉整个人都不由分说地被寒风裹挟了，我久已不穿羽绒服和毛裤了，这时候统统裹在了身上，似乎都不管用，寒风一来，什么风度仪容，只顾拉上风雪帽，佝偻身体，缩成一团，凭本能在夜幕下人影幢幢的街头挪动。我对同事打趣说我们这副尊容活脱脱《林海雪原》中窜逃的许大马棒残匪。在东直门晃荡一圈，好不容易找到一家北京食府，在美食和暖气的双重作用下，似乎才渐渐恢复了元气。饭罢，也不敢在街上逗留，只想尽快赶到早已预订的宾馆，好将身体里刚刚获得的热量贮存下来。

翌日一早，我们要转到东四十条的另一家酒店，同事对北京熟悉，称从东直门到那里不远，提议步行前往。步出宾馆，我们走上张自忠路。一个晴朗的清晨，天空难得的蓝，我想该是那种久违的蓝，清清澈澈，仿佛是透明的。太阳也出来了，照得半边大街暖洋洋的。也许时间还早，上班族还未涌现，大街上行人寥寥，宽阔的马路空空荡荡。仍然冷，也是那种清澈的冷，我们尽量走在阳光照临的一边。不一会儿走到东四十条，马路变得更加宽广和坦荡，树木也多起来，是久违的白杨，树干光秃秃的，却笔直、一律向上。还有矮胖的建筑群高低错落，在太阳的蒸腾下四下延展……北京，总是透着一种辽远的怀旧意味。

在东四十条换好酒店，午后我们搭车去了什刹海。在王朔的笔下和叶京《与青春有关的日子》那一类电视剧里，什刹海是那些部队大院子女们挥洒青春的背景，打架、拍婆子、溜冰，冰冻的湖面留下了他们曼妙的身姿和恣意的笑声。而眼下的什刹海，大院子女们早已不知去向，寒风中杨柳轻轻摇摆，湖水却没形成冰湖，似乎只敷了层薄薄的冰。放眼望，湖面透着碧蓝，仿佛将头顶清澈的蓝一股脑泼洒了进去。

什刹海周边到处是挤挤挨挨的店铺，亦到处是晃荡的游人，还有兜客的三轮车在人群里左冲右突。我们掏出手机随手胡乱拍了几张照片，绕什刹海一周后拐上地安门东大街，吃了庆丰包子，然后去了熙熙攘攘的南锣鼓巷。冬日昼短夜长，走上大街差不多四时，太阳已不见了影踪，很快夜色也笼罩了四周。

接下来的几日，再没有延续前一天的好运，蓝天和太阳仅仅打了一个照面，就再也不肯出来，取而代之的一直是灰蒙蒙的天。当然也依旧寒冷，似乎比前两日更甚。在开会的一天午后，我偷偷溜出去了潘家园，在旧书摊没有盘桓多时，也没有淘到什么书，实在是冷得难以招架，相陪的朋友久居京城，也大呼吃不消，于是我们赶紧各自打道回府。会议结束后，我和另外一个天津来的朋友还抽空去了中国美术馆和大栅栏等地，也始终穿行在凛冽的严寒里，猛灌了不少冷风。临别前的一日，天空飘起了似雪非雪的东西。同来的广东同事兴奋莫名，连连惊呼，要见到雪了！但雪始终没有落下。

回到南方那座我居住的城市，气温居然也降了下来，街头处处可见瑟缩一团不堪寒冷的人们，我却安之若素，丝毫未曾感到寒意，要在往年，恐怕早已涕泗横流了。这自然得益于在北京经过了一番严寒的洗礼。回来的数日，这座亚热带的南方城市，也几乎日日晴朗，不过比起北京那清澈的蓝，在我看来，这灰扑扑的蓝终究要大打折扣逊色许多。

川西平坝，孵一个长长的春梦

有人说，成都最美的季节在春天，凑巧的是我正好在阳春三月奔赴锦城。

我从岭南来，对于这个季节川西平坝上处处涌动着的大团绿意，自然不会大惊小怪。但当驱车进入鳞次栉比的成都城区，看到穿插在层层灰蒙蒙建筑物中的那一抹抹嫩绿，我却不由心神摇荡了。如果要问何种色调最能代表成都的春天，我以为这便是了。这是真正的春之色谱，轻轻地、漫不经心地这里一笔，那里一画，带着一丝腼腆和娇羞，在我看来，要比我所在的岭南那种无处不在熟透了的碧绿，更有了天真无邪的气息。

有人告诉我，这是水杉和银杏渲染的结果。这两种植物我均不陌生，对于成都市树的银杏我就更是熟悉。我曾在许多地方见过银杏那颀长通直的身影，说实话银杏有着如此惊艳的表现还是首次领略。我孤陋寡闻，不知道哪个城市还将银杏确定为市树，但通过成都将水杉和银杏遍植城市的每个角落，单单这一举动，我以为就可认定是真正属于匠心独运了。不言而喻，水杉和银杏那一抹抹在城市四处跳跃的绿色音符，成了这个季节的点睛之笔，成了这座城市春天里最好的注脚。

当然还要往城外走。三月的川西平原在望，目之所及，早已是春情勃发春意盎然。每种色彩每种形态都是锦上添花。就拿油菜花来说，一路铺排，尽情逶迤，大团的黄，仿佛要将人们所有的注意力都俘获了去。还有田野，比起城区，绿色在这里其实换了另外一套行头。那是一种朦胧的绿，一种惺忪的绿，仿佛在孵着一个长梦，而且这长梦仿佛要一直孵下去，永远也不准备醒来，像柔柔的雾、薄薄的云，将世界笼罩。

我们还去了龙泉驿桃花节体验农家乐。迄今为止，据闻龙泉驿桃花节已连续举办了二十几届，一到三月去龙泉乡村踏青，与桃花亲密接触，享用别具风味的乡村美食，俨然已成为成都人一年一度的开春盛事。车子从市区一路向东进发，平坦的坝子骤然变为起伏的丘陵，兜兜转转，我们最终选定一个名叫随缘桃花的农家乐驻留。这里人气高涨，游客满坑满谷，使得起伏的山野间，到处充溢着怒放的桃花和盈盈笑语，而且说话间，已是落英缤纷花雨氤氲。成都人嗜好麻将，据说成都人的幸福指数有三部分构成：摆摆龙门阵、炒炒渣渣股、打打小麻将。但见桃树下早已摆上竹桌竹椅，一字儿排开，沏上一壶成都人爱喝的碧潭飘雪，便不由分说，拉开了方城大战的序幕。不经意间，就有柔柔的成都方言飘来。循声望去，就会发现一两个“粉子”赫然在座。“人面桃花相映红”，树上桃花树下“粉子”，究竟哪个更“粉”哪个更嫩，实在叫人眼花缭乱难以分辨。

在成都小住的几日，天气骤降，还下了一场小雨。也许春天就该如此，阴晴不定，反复无常，不时使使性子。汪曾祺曾形容昆明的雨是明亮的，成都的雨自然也是明亮的，不过据我粗略地比较，也许不像昆明的雨那么通透，成都的雨是柔柔的酥酥的，一如杜工部为锦官城所作的千古绝唱，是“润物细无声，随风潜入夜”。

也许正是经过几番如此滋润如此打磨，整座城市和人也才蠢蠢欲动，有了麻酥酥的感觉。

成都，真是一个叫人来了不忍离开的地方，尤其在三月，在春天。

一朵溜溜的云

来到康定的当天，我们就直扑跑马山。已是下午五时了，微雨，漫不经心地下着，裹挟阵阵凉意，让我们直觉从盛夏过渡到了深秋。买了门票，准备乘缆车上山，工作人员却一再提醒，我们只有一个小时的游览时间，六时缆车就停运了。

涂成橙色的缆车像一只巨大的甲虫驮着我们向跑马山攀爬，透过朦朦胧胧的车窗，康定城尽收眼底，重重叠叠的楼房散落在狭长的峡谷。

上了跑马山，转白塔，瞻仰九龙峪寺，而后来到高山上的草甸。这里是《康定情歌》的发源地，当年情侣立下誓言的舞台。然而，眼前没有跑马溜溜，也不见相互依偎情话绵绵的恋人，只有不知何人拴着的一匹白马在安详地弯腰吃草。对应《康定情歌》的恐怕只有溜溜的云在身前身后氤氲，实际上一大朵云一直跟着我们在跑马山上盘桓。置身云雾，我们暂时无法分辨云的形状，可只要抬头放眼望去，就会发现四周连绵无尽的群山间都有流云缠绕，飘来飘去。

跑马溜溜的山上，

一朵溜溜的云哟……

那么萦绕着跑马山的，正如歌中所唱，也必定是这样的一朵溜溜的云。它们就像是为跑马山而恒久地存在着，缠绵悱恻，一旦远离了跑马山，必定是倏忽不见。

就是这样的一朵溜溜的云，让我坚信这座传说中的情山是名副其实的。也让我忽发奇想，也许情歌中的情侣，来到了跑马山，而后又化作一朵溜溜的云，日日夜夜缭绕在跑马溜溜的山上。

隔日一早，从入住的宾馆里出来，竟然发现面前的每座青山的半山腰几乎都被一抹雾状的流云缠绕着。同行的朋友说，这是腰带云。仔细端详，这的确是颇为形象的命名。

曾读过一本赏云的书《云彩收集者手册》。该书作者认为，云是天空的表情，并非可有可无的摆设，因此不妨去“收集”云彩。所谓收集，也并非要抓住它，拥有它，而是做一个有心人，去看，去记录。我们一行还要驾车西去，前往阿坝，这一路的崎岖，穿越崇山峻岭，也正是收集瑰丽云彩的过程。

在我看来，川藏线上，云不但是天空的表情，也构成了大山的表情。沿途无论我们是在行进当中，还是临时停车在观景台，抑或最终到了某个风景区，都无法对这些飘来飘去的云朵视而不见，一如在康定所见，它们往往挂在触目所及的每一座山峦前，氤氤氲氲，蹁跹起舞，缭绕不散。川西高原阴晴不定，骤雨说来就来，雄奇巍峨的折多山半山腰笼罩着的云朵是厚重的，而一旦放晴，萦绕于四姑娘山双桥沟景区青山的云彩又变得轻盈和欢畅。是的，这些云朵之于山峦，不是可有可无的点缀和装饰，而是山峦的一部分，刻画着山的表情和变化，使板着面孔的崇山峻岭变得多情和缠绵。有气象学家戏谑，当你抱怨云的时候要格外小心，它们竖着耳朵听得懂你在说什么。在我看来，它们同样也会说话，它们絮絮叨叨，诉说的是对山峦的缠绵和缱绻。

以我对云彩分类知识的有限了解，这些弥漫于山中的流云大抵可归为层云。层云也称雾云，是所有云彩种类中高度最低的一种，厚度非常薄，在近距离观看下很像雾。在小金县返回成都途中，要翻越海拔近4500米的巴郎山，行至半山腰，看到一处观景台，于是在此停车观看、拍照。此处虽非巴郎山巅峰，却视野开阔，一览众山小。一无例外，目之所及，郁郁葱葱的群峰间缭绕着溜溜的云雾，飘来飘去，久久不散。我们按动快门，拍下一张张云雾弥漫的照片，还不时朝那些云朵挥挥手。有意无意间，那些云雾竟然真的被我们唤来了。一时间，云雾弥漫，氤氤氲氲，不分彼此，我们像被托举在了青山之上，身体变得轻盈，展翅欲飞。

层云是最“纡尊降贵”的云，也常常在城市的高楼大厦间出没。当我们回到各自居住的城市，我相信这些在川西高原曾经收集的云也会一路尾随我们，它们就是溜溜的云，也许来自跑马山，也许来自折多山，也许来自巴郎山，它们将给我们捎来属于川西高原的缠绵和多情。

赣南“森”呼吸

在赣南见到最多的恐怕就是树了。哪怕是在逼仄的赣州旧城区，也会发现枝叶婆娑的古樟，盘根错节地遍布于街道上的房前屋后，旁逸斜出的枝丫时不时就会与途经的车辆耳鬓厮磨一番。有几次我搭乘大巴就发现枝条斜斜地扫过车身，伴着一阵咔嚓咔嚓的响声。也许别的城市通常的做法是将这种蔓生的树木一刀切地剪除，而赣州却似乎格外地包容。

一旦驶出赣州城，几乎无须铺垫和过渡，就会毋庸置疑地发现自己已置身于广袤的森林公园。青翠的山冈，连绵起伏，一座连着一座，没有尽头地一路铺排。大巴开足马力驶上高速，亭亭如盖的连天乔木，一棵接着一棵，仿佛在接受检阅般，列队从窗外飞速掠过。有数字显示赣南的森林覆盖率高达76.4%，眼前的一幕幕恰好为这个惊人的数字提供了活生生的注脚。

恐怕一时很难了解赣南究竟生长着多少种树，探访赣南的数日里，我们一直在与各种各样的树木相遇。在兴国我们看到满山遍野层层叠叠的修竹；逗留宁都乡间，农舍周围遍植的参天古榕遮天蔽日。途经会昌，田野阡陌成片的橘树挂满累累果实，晃动着耀眼的金黄。

当然在赣南见到最多的还是樟树。在瑞金随处可见树龄数百年乃至千年的古樟，它们历经沧桑，虬枝苍劲，见证着赣南历史的风云变幻。叶坪，当年中华苏维埃临时中央政府所在地，一棵古樟吸引了大家的视线，纷纷驻足拍照。这棵树有着非凡的来历。1933年，国民党的飞机轰炸叶坪，苏维埃首脑机关紧急撤离，刚刚撤出住地，一颗炸弹从天而降，眼看就要落下，不料却正好落在了古樟上，被枝干紧紧抱住，竟然没有爆炸。至今，这颗炸弹还卡在树干里。

“樟之盖兮麓下，云垂幄兮为帷。”樟树冠大荫浓，树姿雄伟。时近薄暮，走在叶坪的一排排古樟下，头顶仿佛被浓云覆盖，蛰伏其中的蝉发出的鸣唱也似乎比别处的嘹亮和昂扬。

在赣南，更多的树木我不认识，也叫不出名字。在我眼里，无处不在的林木，绿意森森，铺满天涯。我常常油然生出独自深入森林的冲动。记得俄罗斯作家康·巴乌斯托夫斯基在《金蔷薇》里，形容俄罗斯森林的茂密和静谧，置身其中，一百年也不会见到一个人。我想在赣南的森林里，也轻易不会遇见一个人。不过，即便如此，也决然不会孤独和落寞，因为每棵树都会伸出臂膀，将你拥抱，抚慰你的身心，你只需开放自己的心灵，那些郁积的焦虑和压力，都会渐渐消弭。从这个意义上讲，森林也有着治愈的作用。

赣南地处中亚热带，多是常绿阔叶林带。日本学者上田信在其《森林和绿色的中国史》一书里，以日文将常绿阔叶林别称为照叶树林。这是因为阔叶林长年都是青色的叶子，如站在森林外面看，树叶表面光泽耀眼，非“照”字不足以形容其耀眼和夺目。在我看来，赣南的这些常绿阔叶乔木也可视为发光的树，阳光下，它们活脱脱是一棵棵灼灼闪亮的树。

树木就是赣南的灵魂。一棵树有一棵树的姿态，一棵树有一棵树的风骨，书写着属于赣南大地的历史和传奇。短短数日里，我们一直在向赣南的腹地进发，常常的情景是汽车在奔跑，阳光下的树林也一路奔跑追逐，洒下一路耀眼的笑声。道路曲曲弯弯，山冈起起伏伏，与其说树木步步紧跟，不如说我们是在追随树木的步履……

黄山闪回

在西海区咀嚼一条山道

天空飘着的既非雪亦非雨，又似雪似雨。飘在空中像雪，落在地上湿漉漉的一片。从暖暖的岭南来，已不习惯黄山这种阴冷和潮湿的天气，便将带来的衣服悉数裹在身上，还套上件临时买来的雨披，这副尊容，活脱脱粽子的写照。

要去飞来石，路牌上显示，我们所在的西海宾馆距那里有1.4公里，这区区的1400米，要在平地，无非是十多分钟的闲庭信步，可在海拔1600米的黄山，一路都是拾级而上的山道，兼之频频打滑，往往走不了几步，已是气喘如牛。也不急着赶路，见山道旁设置了供人休憩的石椅，我们把雨披垫上，小心地坐下歇息。

整座山都笼罩在帷幔一样的云雾里，路旁的槭树林也是迷蒙一片。入冬以后，黄山风景区也随之进入淡季，山道上除了我们，已不见一个游客，间或有一两个管理人员悄悄从身旁走过，又悄悄消失于山道尽头。

那些始终纷扰我们的市声车声都已消弭，仿佛不是远离，而是被连绵群山和树林过滤了，这浑圆的寂静，只有被不紧不慢的雨的淅沥不经意地啄破———不是有“蝉鸣山愈静”的境界吗?

这条山道毫无疑问在过往的岁月中，承载着纷至沓来的脚步和一浪高过一浪的欢声笑语，此刻却仿佛跌落于时光的缝隙，全都销声匿迹。

山林与人一样，也需要“独处”，需要自己的空间，在那个特定的时刻，它远离喧嚣，沉入孤独，沉入冥想，要找回“真我”……

雾中搜峰

一连两天，黄山都被漫天大雾深锁，目之所及皆是白茫茫，望不到天，望不到地，我们仿佛面对一个虚空世界，想必当初混沌初开时当是这番景象。有同伴好不容易爬上黄山海拔1864米的最高峰莲花峰，眼见被团团浓雾包裹，也只有如此打趣：在天上走了一遭。

黄山最终还是给了我们面子，就在我们准备打道回府的最后一日，大雾渐渐稀疏，在峰峦间缭绕，一如藏在深闺中的美人，黄山欲向我们一展芳容。

自然无数次通过电视、图片领略过黄山的丰姿了，但第一次面对黄山的真容，我仍然感到新鲜，她远比想象和图片里的妩媚和清纯———那种清纯仿佛从未被人打量过，也许这就是黄山魅力之所在———总是让你感觉她是第一次展露峥嵘。

很多地方或许对“五岳归来不看山，黄山归来不看岳”一说颇为不服，但黄山的确集中了五岳的所有特点。我们现在难以考证五岳，毫无疑问，她是更有着古典情怀的山水，那是未经造化的神功所篡改和观赏者的眼睛所误读的山水。你仿佛在翻阅着一册巨大的古画集，悠悠古意在其间流淌；你也仿佛在吟诵着一册厚厚的古诗词，那些古典的意境全都活转过来，在你眼前变得可视。

孤陋寡闻若我，此番初次闻知，诗意盎然的中国画就发源于黄山脚下的徽州，那么可以推断，国画亦完全是师承黄山的结果，是直接自黄山的诸多秀峰取来了纸、笔、墨、砚，继而截取了线条和意境。一直致力于创新国画的刘海粟曾十上黄山，他的一句名言“黄山是吾师”，可谓道出了对黄山的赞美。

大雾在峰峦叠嶂间缭绕，很快又重新聚拢，这使得黄山始终忽隐忽现，与我们若即若离。中国画不是讲究留白吗？在天地间展开的泼墨长卷里，那些始终缭绕不散的云雾，也许正充当了“飞白”的效果，平添出无尽的想象空间。

星星的故乡

据说诗人徐志摩第一次戴近视眼镜，抬头看天，让他着实吃惊了一番，天上的星星原来竟是如此耀眼……在滇西北穿行，面对窗外炫目的星空，我也仿佛第一次配戴眼镜，产生了同样的惊奇。

那天晚上，我们搭乘一辆旅行车，从丽江前往中甸。长时间晃荡在这条据说是把人的五脏六腑都能颠出的滇藏（颠脏）公路上，我已经力不从心昏昏欲睡了。然而向窗外不经意地一瞥，却使我困意顿消。但见牦牛脊背一般的山峦上，一颗极亮的星闪烁着，发出耀眼的光。那是星星吗？

一时间我不敢相信自己的眼睛。仿佛是为了回应我的疑问，这颗星立时又唤来了另一颗星，一颗、两颗……十颗……无数颗，一幅灿烂而巨大的星图徐徐在我的眼前铺开。

很多年了，我不曾见过如此密集、耀眼的星群。

我这样说绝非夸张。在我蜗居的城市，夜空已不再有夜的颜色，而是橘红色的。至于星星，往往只有稀疏的几颗，眼力不济的人，恐怕要费力地搜寻半天，才能见到一两颗。于是，城市里的人们便愈加疏远星星，甚至懒得抬头看天，星星也因此躲避着城市，相约着跑到了遥远的地方。

面对我的大惊小怪，坐在身旁的一位纳西族少女却平静地说："这在我们云南，一点也不稀奇。"她说到这里，自豪地停顿了一下，"云南平均海拔2000米，能见度高，所以我们常常能见到流星、彗星这些天文奇观。"

这真是羡煞人的事。我想起泰戈尔的一首诗：如果因为错过了太阳流泪的话，那么你也要错过群星了。于是，眼前这倏然将逝的一瞬，对于我便变得弥足珍贵。

此刻滇西北的夜更加空阔寂寥，我发现这些星星不再是静止的，而是一路小跑，在奋力追赶着我们。大片黑黝黝的松林遮住了它们的身影，眨眼间它们又从针叶的缝隙探出了脑袋；当一道高高兀立的山梁碾压过来，眼看挡住了它们的去路，它们又从远处嬉笑着蹦跳了出来。

在平坦而空旷的高原坝子上，它们就像一群活蹦乱跳的小精灵，打着一个个闪亮的小灯笼，跳着最原始也最古朴的舞蹈。

随着旅途的延伸，这些高原坝子上的小精灵，也呈现出更为丰富更为复杂的表情。有一刻，我看见一颗星将要熄灭了，很快它又仿佛充足了电，变得更大更亮了；我还留意到西北角的方向，一颗极大的星，正扑闪着翅膀，径直朝我们飞来……一颗星有一颗星的神态，一颗星有一颗星的语言，但它们又是一个不可分割的整体，它们精巧的构架、晶莹的配饰，像是天庭巨大的枝型吊灯，更像是高原累累的果实，缀满夜空的枝头。

这样的时刻便是永恒了，这样的梦便永远驻留在了记忆深处。在崎岖不平的滇藏公路上，在高原空阔而晶莹的夜里，我们仿佛行走在天上，来到了星星的故乡……

跳舞草

火烧火燎的八月天，我们从西双版纳勐仑出发，攀上高高的吊桥，穿过浊黄奔泻的罗梭江，来到位于葫芦岛上的热带植物研究所。

研究所其实也是一座热带植物园，始建于20世纪50年代末，创始人是我国著名科学家蔡希陶。经过半个多世纪的不断扩充，这里已经蔚为壮观，变成了一座巨大的名副其实的热带植物园。我们一跨入其中，就感觉森森绿意恣意流淌。

因为是初次到访，当地一位叫杨勇的朋友为尽地主之谊，执意要为我们请一位导游伴游。原来导游在植物园内早已商业化、统一化，一色的傣族女孩，一色的筒裙花伞，花蝴蝶般集中在亭子里供游人挑选。乱花渐欲迷人眼，我们一时犹豫不决，杨勇便为我们点将，从人群中叫了一个与他相熟的女孩出来。傣族女孩婚前都姓玉，我们的导游的名字是玉丽，她打着一把鲜红的小花伞，一袭粉色筒裙，头上还挽了个大大的髻。傣族女孩中美女无数，玉丽则相貌平平，而且在我看来，如此大热天，她脸上的粉也实在涂得过厚。

安排停当，杨勇找熟人去聊天，我们则随玉丽游园。说是游园，其实也就是在科普植物知识。因为每见到有代表性的植物，玉丽便驻足为我们滚瓜烂熟地讲解一番。也许这种讲解略嫌多余，因为每种植物旁都竖着一块牌子，上面都有大致的介绍。但为尊重玉丽起见，我们唯有耐着性子，装着像小学生般认真听课。

玉丽姑娘为了不让我们错过那些稀奇古怪的植物，总是奋不顾身地冲进艳阳下。如果不是亲身体验，真无法感知这热带阳光的威力，我们浑身不住地汩汩冒汗。我总想躲进树荫里不出来，但看见玉丽在烈日下曝晒，也不好意思再继续“享受”下去了。

也真感谢玉丽，让我们认识了这座植物园里种种千奇百怪的热带植物。真是好大一座植物园，植物在这里铆足了劲疯长，有的尽情舒展叶片，像一把撑开的巨伞；有的抱成团“捆绑”着一起生长；你听说过望天树吗？这种兀自向上猛蹿个子的树，竟高达30至40米；还有花团树，因树干上寄生着无数朵热带兰，远远望去，一棵树俨然就是一座五彩缤纷的花园……

游了大半个园，玉丽还要带我们去见识一种珍稀的草——跳舞草，她说当有人唱歌时，这种草就会闻歌而动翩翩起舞。

倒是听说过这种草，但因从未亲眼见到，是否会如此神奇，我半信半疑。

在艳阳高照的花园一角，我们见到了跳舞草。乍看它貌不惊人，细小的叶片，细小的根茎，如果不是提醒，我相信在这座巨大的植物园内谁也不会正眼瞧它，不会知晓它藏身于此。可当玉丽姑娘俯身贴着跳舞草轻轻哼唱时，奇迹发生了。

月光啊下面的凤尾竹哟

轻柔啊美丽像绿色的雾哟
竹楼里的好姑娘
光彩夺目像夜明珠啊
多少深情的葫芦笙
对你倾诉着心中的爱慕
哎金孔雀般的好姑娘
为什么不打开哎你的窗户

在《月光下的凤尾竹》欢快的曲调里，那细细的叶片竟然和着旋律，款款起舞，款款摆动她美丽的小小裙裾，仿佛童话里快乐的小精灵。

烈日炙烤下，我看见玉丽额头上沁满了细密的汗珠，她的脸颊也回转成少女特有的红晕，变得光洁而透明。也正是从她专注认真的神情，她低头俯身对着跳舞草轻轻哼唱的一刻，我觉得她是我在西双版纳见过的最美的女子了。

那一刻，我不知道是跳舞草的魂魄附着于她的身上，还是她的魂魄附着于跳舞草细小的叶片之上。

乡愁的形状

载着我们的汽车从凯里驶出，兀自在大山的褶皱里逶迤，山路忽高忽低起起伏伏。坐在车中的我，不由感慨，这遥远的黔东南边地，仿佛一直存在于想象之外，自己决然未曾想到有一天会前来探访。

汽车终于缓缓停在山脚下的斜坡。下了车站在山坡，透过古楠木密密匝匝的枝叶，远远望，大利侗寨静静地安卧于幽深的山谷。这哪里是一座普通的古村落？木楼、花桥，还有高高耸立的鼓楼，分明就像一件件镂刻得玲珑剔透的木雕工艺品，被整齐地摆放在了一起。

沿斜坡下山，仿佛走进了一部国家地理片，喧闹的侗寨如蒙太奇镜头般绽放。村道旁，几个侗族男子架起长长的椽子，一座木楼早已初具雏形正待矗立；花桥边，高高的晾禾架上，几对青年男女相互配合，犹如跳着双人舞，不停地“晾”着一捆捆稻谷。见到我们这些远道而来的客人，一队侗族男子吹奏着芦笙迎了上来，就像刚从路旁的壁画里飘然现身，步态轻盈，摇摇摆摆，将我们引向侗寨的中心——鼓楼。鼓楼下，喧闹的人群正在汇聚，一排身着盛装的侗族少女一字儿摆开，放开歌喉，唱起了大歌。大歌是侗族特有的传统民歌形式之一，被誉为“如清泉般闪光的音乐，掠过古梦边缘的旋律”。大歌一曲又一曲，响遏行云，端的是“捡得完河边的石头，唱不完侗族的大歌”。

曾经去过一些传统村落，仿佛被世人遗忘了，村落里人去楼空，青壮劳力纷纷背井离乡，竞相涌往大都市奔波打拼，只剩下老人和儿童留守，呈现出日益“空心化”的态势。

眼前的大利村却如此鲜活，元气丰沛，真正展现出“暧暧远人村，依依墟里烟”的情景。你会疑心这个古村落一百多年来便是如此，仿佛长久沉浸于一个悠悠古梦里。

走在石蹬道上，寨子里的村民对我们这些不速之客毫不陌生和隔膜。一个一头乱发的侗族青年走在我的身后，仿佛早已熟识般，攀住我的肩膀，笑问我从哪里来；走过一户人家，一个斜倚门前的侗族女子执意要将我让进屋里，原来她的一家人正围着火塘吃饭。见到我，她的家人们马上递上碗筷，说什么也要让我进去坐下……

吊脚楼旁的一间木屋里，我们对一只身形巨大的黑牯牛顿感好奇，一个戴眼镜的后生走了过来，告诉我们它是斗牛冠军，战绩卓著，远近闻名。看后生一副学生模样，不像是寨子里的村民，不料他称自己从小就在这里长大，现在乡里工作。“离开了家乡，随时都会回来。”说着他抚摸牯牛的脊背，好似在安慰一个好久不见的老朋友。

年岁渐长，也愈来愈多愁善感，虽然此前从未探访过黔东南的古村落，也从未想过有一天来到这里，可走在犬牙交错的吊脚楼前，眼前的一幕幕让我分外熟稔和亲切，一如唤醒了心底的乡愁，仿佛自己的前世曾属于这里——这，当然是一种虚妄的念头，但人是情感的动物，当一砖一瓦一草一木契合于自己的内心，便会油然生出一份感动，你不会躲闪，更不会逃避，进而想亲近并融入其中，设法将自己的疲惫的心灵轻轻寄放——哪怕片刻也好，诚如加拿大作家达尼·拉费里埃所言：“人们不会寻找乡愁，乡愁会在布满记忆的路上找到我们。与噩梦不同，乡愁是穿过黑夜，在大白天来寻找梦者。不过，它最喜欢的还是黄昏，那时，沸腾的白日开始疲惫，让位于夜晚的宁静。就在我们放松警惕的时候，乡愁落在了我们身上。”

这些年，许多人背井离乡，纷纷奔向繁华都市，待逢年过节再度还乡，却赫然发现家园难以辨认，故乡已愈来愈陌生，从此乡愁难以维系，变得抽象和模糊，而此刻在遥远的黔东南边地，乡愁分明是具象而有形状的，是吊脚楼棱角分明的轮廓，山道上掮背篓的侗族女子的背影，是一片小小荷叶包裹着的糯禾……

遥远的苍凉

两年前的盛夏，我搭乘飞机由庆阳去往兰州。庆阳位于陇东，这意味着我们的航线一直向西北飞行。在即将到达兰州之际，我偶然透过舷窗向下一望，不免大吃一惊。飞机大鸟一般宽阔的翅翼下，横亘着无边无际的荒山，直如在电视里看到的月球上的情景，道不尽的苍凉和贫瘠。那些浑似兽脊的山丘颇有规律地隆起和下陷，可就是寸草不生。这样的季节，照理应该毫不费力地发现大团的绿，没有，连一抹淡淡的绿意都无从寻觅，极目处尽是漠漠黄沙。后来终于看到规则而又齐整的田野里涂抹着些许绿色，已是接近兰州中川机场了。

飞机发出巨大的轰鸣，在厚积的云层中穿行，我忽然发现，在那些蠕动着的荒山层层的褶皱里，不时掠过一个个积木似的房屋，有些甚至还颇有规模地连成长长的一串。这么说，这里居住着不少的人群。这也印证了人之生命力的强大，在任何恶劣和不堪的环境里，都留下了“生长”的痕迹。这大概是在月球上的环形山上无法想象的。可是，一个疑问也随之而来，树木为何不像人的生命力那样顽强，在这里留下哪怕一星半点的痕迹？在西北听过种一棵树比养活一个人还难的说法，我不禁联想起若干年前，有关方面曾向全国倡议，每人向甘肃捐献一棵树。那真是一项富有远见的计划。可惜晚了。倘若几十年前就大张旗鼓地倡导植树，甚至启动退耕还林的计划，如今我们的视野里断不会出现月球上才有的荒凉了。

机缘凑巧，今年年初我又一次西行。正是隆冬的正午，我坐着一辆大巴，从兰州市区赶往机场，暖洋洋的冬阳烘烤着我。透过车窗，我又一次看到大块凝固的黄色了。如果说上次我是在高空通过俯视接近西部的，这次则是平视了。路线不同，呈现在视野里的地貌也大异，可我却读出了相同的内容。大块的黄色任时光匆匆过，愣是岿然不动。阳光下的村庄，沉默的远山，干涸的河流，都有一种被黄土洗刷了的况味。

可是，无须留意，就会发现，那些枝丫，那些挺直了躯干的树木，已经错落有致地串起了我们的行程。而在远处，那些形似兽脊的山上其实异常整齐地长着密密的树木，只不过极其微小，也不知是何时栽种上的。不管怎样，我想象一旦春回大地，这一路的情形必定大大改写西部固有的色调。

一头扎进喀纳斯

都说喀纳斯最美的季节在深秋，宛若梦境，稍纵即逝。幸运的是，我们恰好在这时节来到了喀纳斯。

从乌鲁木齐搭乘航班降落在阿勒泰，马上就给了我们下马威，两地气温落差巨大：乌鲁木齐此时气温高达25度，而阿勒泰已骤降至零下4度。这意味着陡然间我们从盛夏坠入寒冬。一时间航站楼内的旅客纷纷“翻箱倒柜”，顾不上体面和仪态，当场将羊毛衫、滑雪衣一股脑往身上包裹。

在我看来，比起气温，更大的落差还来自视觉——当坐上景区环保车，向窗外望去，进入视野的是寒带才有的景致：顺势向上的高坡上，点缀着星星点点的针叶林，像惜墨如金的画家悭吝地点染出的稀疏几笔，却撩拨起辽远的想象。大巴上身着制服的工作人员忽然出题考起大家：窗外的山峰，为何一面茂密一面稀疏？大家面面相觑，搜肠刮肚也不知道为何，她只好自己亮出答案——针叶林具有喜阴耐寒的特点，自然向北的一面林木茂密，向南的一面林木稀疏。

说话间，大巴径直向喀纳斯景区深处驶去，窗外开始出现无边的原始森林：树木，不再是孤独的星星点点，而是一棵抱着一棵，层层叠叠，成群结队。睁大眼睛仔细辨认，撑起如伞一般的树枝，笔直伸向云霄的是云杉；仿佛在凌空舞蹈，抖动一身金色霓裳的是白桦；花楸树，即使在众多高大挺拔的树木中间，那娇媚而柔弱的身姿，也未曾被埋没，依然以一片片耀眼的红，宣示着自己的存在……森林，叫人恍若每棵树木都在旋舞，每片树叶都在歌唱，仿佛奔跑着将我们拥抱。

晃荡的车中，跳跃的光斑，洁白的树干，纷披着金黄而耀眼的树叶，让我产生了极不真实的幻觉，一如置身于列维坦这位19世纪俄罗斯画家的风景画里。如果不是车窗紧闭，我疑心，伸手出去，就会沾满五彩斑斓的油彩。

车窗外的景致，其实只是刚刚拉开了这部华彩乐章的序幕，随后数日，无论我们在喀纳斯湖中航行，还是去往禾木的路上，在月亮湾、卧龙湾驻足，都能感觉喀纳斯在盛放，正呈现最丰盈的姿态。

也许人们在各自居住的城市都嫌单调和麻木，猛然看到喀纳斯万花筒般的色彩，一时不由目迷神驰，情难自禁。景区四处，随时可见举着长炮短枪，架起三脚架，在寻找角度捕捉镜头的人，我这个摄影菜鸟也不能免俗地举起手中的数码机，频频按动快门，欲将喀纳斯的景象收入镜头，储存于记忆的内存，唯恐它会突然被人夺走，或者从眼前遽然消失。

对于喀纳斯的美，人们已有各种各样的解读，有人认为，属于绝世的静。的确，喀纳斯的美，有一种遗世独立冰清玉洁的特质，仿佛滤去了种种尘世的喧嚣，最适宜作为童话的背景。也许面对喀纳斯，你只需凝神屏息，哪怕是轻微的呼吸，也会打破这远避人世的恬静。

但我以为不独于此，喀纳斯还有一种动态的美。湖水、森林、落木，以及混合湖水里层层叠叠的倒影，这一切在你长久的凝视下，会蓦然如音符般跳跃、律动和呼吸，仿佛正在上演一出气势磅礴的自然大合奏。

有时候，行进于喀纳斯的山间公路，我会油然生出一种冲动，想一头扎进森林深处，从此远遁世间，隐身于那些密密的云杉白桦间。俄罗斯作家康·帕乌斯托夫斯基在其优美的《金蔷薇》中，曾如此形容西伯利亚森林的宁静：独坐森林中，即使过去一百年，你都不会遇见一个人。我想在喀纳斯也同样如此。你深入一片森林，随意拣个树墩独自坐下，哪怕坐上一小会儿，恐怕也会尽享“百年孤独”。一棵树与一棵树紧紧相挨，相互依存，历经风雨雪霜，也共沐丽日艳阳。蓦地，“咔嚓”，一棵树在巨大的叹息声中轰然倒下，走完了生命最后的年轮和历程。可这倒下的树木，即使成为残骸，成为废木，也不会被谁移走，仍旧安睡在森林深处，安睡在云杉、白桦这些昔日同伴的呼吸和庇护之下。

森林中到处弥漫着这种“你中有我我中有你”的和谐。清晨，刚刚醒来，拉开宾馆房间的窗帘，赫然看见这样和谐的画面：窗外森林中，一棵巨大的云杉之上，两只小小的松鼠正上蹿下跳，绕着树干捉迷藏，突然间它们停了下来，又开始弹跳起来，尽显活泼和顽皮。在远离人群的地方，动物的世界原来也如此情趣盎然富有生机。我不由看呆了，注视了好久，居然忘记了去拍摄下来。待我转身从行李中找出相机，两只顽皮的小松鼠早已隐身森林，不知去向。

枫叶正红

正是枫叶红了的时候，许多人盘算着远赴日本京都或红枫之国加拿大等地赏枫，我们却来到了辽东桓仁枫林谷。也许枫林谷远不及那些赏枫胜地享有盛名，因而也避开了汹汹人潮，我们一头扎进枫林深处，瞬间就消失了踪影。

通常一年里，枫叶要经过由绿转黄、由黄转橙、由橙转红，再由红转紫的过程，而此时枫林谷正是到了最后的阶段，也就是红得发紫的时候。按专业的划分，即红叶指数达到了最高级别的三级。仔细凝视每片红叶，在彼此映照下，红得耀眼，红得肆无忌惮。孤陋寡闻若我，以往见过的红叶，往往是“万绿丛中一点红”，或者远山轻描淡写的一抹，而在这里，红叶却呈燎原之势，夹杂在森林中的柞树反而成了“少数派”。过红韵桥，沿九曲峡拾级而上，枫树也不再是低矮的小树或灌木林，而成为挺立山崖边的参天大树。据闻在枫林谷共有十数种枫树，经霜渐红，持续时间竟达一个多月之久。这让我相信这些枫树中的近亲，彼此间是有感应且会相互感染的，往往其中的一棵一旦擎起火把，远处的一棵马上就会扯起大旗，于是更多的树木纷纷在山野间遥相呼应，宣示各自的存在。

都说辽东这片土地上的人们好饮也善饮，我疑心这些枫树也受到了熏染，不然灼灼枫叶何以如醉酒般变得酡红，姿态往往也摇摇摆摆？在栈道上徐行的我，脚步竟也不由变得踉踉跄跄。我举着相机，频频按动快门，在每一棵红彤彤的枫树前流连，并试图亲近一片片在山间肆意渲染铺陈的红云，但我想这大抵是徒劳的，任我不断拍下去，也无法拍完这满山红叶，也无法将烧红天际的枫林尽收镜底。

色彩学中，红象征血色和生命力。时近晚秋，走在山道上不时有寒意袭来，也许是条件反射，一旦接近灼灼红叶，我们不但彼此的面颊被映红，周身也往往感到了暖意，仿佛被传递了一种热力，在体内循环流动。不知物理中的热传递该如何解释，但依我直观的感受，红叶一定是有热量有温度的，一旦触摸了它，身体中会发生某种化学反应。久而久之，我相信一颗苍白的心也会被染红，从此有了血性。

这些年日本小清新的治愈系电影大热，那些在都市角力的主人公，往往都带了一颗受伤的心远避海边或某座小岛，舔舐伤口独自疗伤。他们却独独忘了来到红叶地。在我看来，红叶的治愈功能也许更为有效和直接。我仔细观察过枫林谷的红叶，呈五角形或七角形，如一只小小的摊开的手掌，细细的叶脉如血管也如电路，当你被这小小触手抓住，便意味着一种精神一种意志也被注入和传导。而当你走上山冈，目光穿过层层叠叠的树枝，远眺被枫林烧红的天际，一种久违的豪情也会在心底升腾……

冰与火之歌

很多年没有见到雾凇了。

不是我狭隘，看雾凇还是要去东北，东北森林茂密，每当严寒来临树枝缀满松散冰晶，煞是壮观，当是观赏雪松的绝佳胜地。相信即使没有亲眼看见，只要看到有关摄影的画面，也会怦然心动，恨不能马上前往。

今年深秋，我们却提前在辽东桓仁见到了冰挂，我没有说错，是在深秋，我们来临的这个季节，桓仁正展示着最为丰盈的金秋景象，满目斑斓尽显妖娆。以我粗略的观察，装点着这里山山水水的色谱包含了赤橙黄绿青蓝紫，好似大自然一不小心打翻了颜料瓶，将属于一年四季的色彩倾囊而出。

在去桓龙湖的路上，还没驶离桓仁县城，载着我们的巴士突然停下，原来正好途经一条金色马路，陪同我们的朋友执意让我们下来看看。很难相信面前的这条金色马路是落叶铺就，通常见到的落叶斑驳杂陈，弥漫着陈腐的气息，这里的却绚烂之极。同伴们在这条路上走来走去，仿佛正漫步锦绣前程。一旁的导游告知，这是小叶杨的落叶。小叶杨，一种落叶乔木，为东北防护林和用材林主要树种之一。其实在桓仁县城就遍植着小叶杨，金黄的叶片四处招摇，洋洋洒洒，无疑为这座凛冬将至的小城涂抹上了生机和暖意。

随后一日，我们还来到了素有“森林氧吧”之称的枫林谷。正是枫叶红了的时候，满坑满谷的枫叶呈野火燎原之势，色彩越发明艳，越发饱和，让人恍若身处幻境。我的一位辽东朋友的故乡有一座著名的红透山。我不知道那座山为什么那样红，但眼前分明屹立着的正是一座名副其实的红透山。

眼前的胜景停留在视觉边缘，无法一览无余。想起英国女作家弗吉尼亚·伍尔芙在一本书里这样描述她看到的景象：“太美了！一双眼睛根本装不下。我本能地想找人接住满溢而出的愉悦。”枫林谷就让我顿生相见恨晚之意，也让我遗憾错失了这座山谷里以往盛放在时间长河里的诸多美景。

但陪同我们的景区刘经理唯恐我们产生审美疲劳，或者漫山红遍的景象对他来说过于寻常，就像一位收藏家惯于将更多的惊喜留在最后，他要带我们去看雾凇和树挂。现在只是深秋，毕竟寒冬未曾来临，对此我们半信半疑。

跟着刘经理，上了缆车。枫林谷现已开发的有四处景区，我们要去的地方叫八面威，在枫林谷的最高处。缆车沿山道盘旋而上，猛然间感觉到八面威和《林海雪原》里的威虎山一样威风八面，坐在车中，冷风从四面八方灌入，寒意砭骨，即使拉下厚厚的帘子也不济事。八面威海拔千米，山顶和山脚景观殊异。行至山腰，山顶上果真一片“白雪皑皑”，宛若头顶的白色冠盖，映衬得眼前一棵棵红枫越发娇艳和浓烈。

缆车直上山顶，让人疑心正穿越时空，从秋天一步跨入冬天，已置身于一个粉妆玉砌的冰霜世界，晶莹剔透的枝丫，一如缀满环佩叮当，仿佛山野来的风吹起，就会在漫山遍野摇响。而更远处的簇簇灌木丛，一经冰霜的点染，间或夹杂着一星半点的叶片，远远望去，就是千树万树梨花开。

蓦地，我被山道边的一朵蒲公英吸引，目光犹如切换到相机的背景虚化模式，长久地凝视那小小的粉琢般的花萼在风中摇曳。

“清洗视觉之门，世界本相初现。”一山之内，一天之内，像举行一场进入另一个季节的预演，我濯洗着视觉之门，在冰与火的两个世界里穿梭、切换。

金色梦乡

东北牤牛河和拉林河流域，为世界三大黑土带之一，是颇负盛名的稻乡，但耳听为虚眼见为实。连日来，当搭坐的大巴从哈尔滨一路向南，金色稻田便时时出其不意地闯入视野。眼下这里正是一年里最为丰饶的时节，无边的金色稻浪翻滚起伏，充满自然的律动，秋风乍起，便遥相呼应般向天边涌去。

这是一个夕阳映照的下午，我们正在从黑龙江凤凰山前往五常的途中，原本金黄的稻田被余晖渲染得愈加耀眼、熠熠生辉。这该是金秋最为切题也最为醉人的“魔幻一刻”。大家纷纷要求停车看看，待大巴甫一停靠路边，便纷纷携了手机相机，跳下车来。

于是，走在田埂上，也顾不上吱吱冒油的黑土沾染了鞋子，有人以广阔的稻田为背景，迫不及待地留下自己的风采；有人抚弄着谷穗，细细端详；有人在田埂上走来走去，仿佛在寻找着什么；有人举了手机涌向正在挥镰的农人……

我理解大家的忘情，长居都市，沉沦于市声喧嚣，暌违田野土地久矣，每日坐上餐桌，也忘记了“粒粒皆辛苦”的要义。于是，当途经一望无际的金色田野，面向涌动翻滚的稻浪，神经仿佛被紧紧牵住，便纷纷有了要去亲近的冲动。

自然这不过是我们与稻田的初接触。在稻乡盘桓的数日，我们时时与金色稻田不期而遇，也时时被飘香的稻花熏染。孤陋寡闻如我，也是初次听闻当地盛产的大米取名“稻花香”。我该说这真是一个先声夺人的名字，听其名，似乎就有稻香扑面而来。

在五常，一个偶然的机会，我们还来到了乔府大院农业产业园，凑巧当日上午这里正在举行隆重的开镰仪式。碧空如洗，艳阳高照，面前铺展了开阔的金色稻田，几十个农民手握镰刀，身着专业劳作装备，全副武装地一字儿排开。所谓开镰，乃因当地水稻经过近138天的生长，将在这个时节陆续收割，农人们便习惯称其为开镰。

这是激动人心的一刻，眼前的农人们欢快地挥舞镰刀，镰刀起处，成片成片的水稻应声倒地，而后农人们又开始了另外的作业，将收割后的水稻一一捆扎，井然有序地码在地里。据闻收割后的水稻并不急于运回，而是要在自然风干后等待脱粒。

无疑开镰也是一年里最为醉人的时刻，而为了迎接这一时刻的来临，难以想象农人们又付出了多少艰辛和汗水。也就在这里，我得知当地所产的稻花香不同于其他品种的大米，乃是向地而生，长久地“趴”在田地上，为了使其生长和成熟，农人们往往需要每日十四个小时侍弄和劳作……

由一粒米的诞生，溯源而上，涌上我们心头的是无言的感动，是无尽的感激。

不知别人是一种什么样的感受，对于我来说，走在松软的田埂上，面向金黄耀眼的稻浪，身心仿佛受到了真正的庇护，得到的是巨大的平和与安宁。也许这与我的经历有关。我虽非农家子弟，未曾有过下田劳作的岁月，但儿时生活于与农田毗邻的矿山，往往秋天也是一年中最为欢乐的日子。走出家门，便与金色田野撞个满怀，捉蚂蚱、摘野果，偶尔也跟在农民的身后拾麦穗……那一刻，贫瘠的童年仿佛被金黄耀眼的田野照亮。

如果说金秋时节是一本打开的诗卷，无疑金色田野便是其中最为熠熠闪亮的一页，是最为耀眼夺目的段落和句子。

金色的稻浪和麦浪一样，往往都是家园最生动而朴实的意象，饱满、沉甸甸的谷穗和麦穗有着拨动心弦的治愈能力。记得一部史诗片中，一位远离故土、浴血沙场的英雄，就是以一只粗糙的大手掠过一株株饱满的麦穗来寄托对故园的无尽思念。午夜梦回，有时聆听马斯卡尼那首辉煌的《乡村骑士》间奏曲，也恍若有一个游子在金色耀眼的田野间流连，刺目的光芒晃得人睁不开眼睛，一颗心仿佛从此沉陷其中，再也走不出来。

这个金秋，步履不停地行进在黑山白水之间。路在一个劲儿延伸，沿途的格桑花竞相怒放，无边的金色稻浪随风起伏，我恍然已来到金秋的终点，走进萦绕心头的金色梦乡。

“俄罗斯始终是看不厌的”

大巴载着我们正从圣彼得堡瓦西里岛驶往市区的住地。此刻已接近莫斯科时间晚上九点，夜色还只是初露端倪。此次来圣彼得堡似乎不是最佳时机，那个被陀思妥耶夫斯基描绘得如梦如幻的迷人的白夜，至少还要等一个多月后才会降临。显而易见，“黑夜”终究要来——哪怕是姗姗来迟。

其实，我们只是行驶在圣彼得堡的近郊，未曾深入广袤的腹地，但我还是体会到了俄罗斯的地广人稀，一路上不要说遇到密集的建筑群和人群，就是车辆也极为稀少，长时间只有我们搭乘的这一辆大巴在空寂的公路上踽踽独行。

到达圣彼得堡市区至少还有一个小时车程，当然算不上漫长，但蜷曲车中，一时难以入睡，索性望向窗外。冷风又兼细雨，不时敲打车窗，雨滴在玻璃上长久地逗留——是贪恋车内的温暖吧。听说圣彼得堡一年只有九十天为晴天，其余日子皆属阴天，不是雨，就是雪。已经五月了，莫斯科一派春光明媚，雨夹雪相伴的圣彼得堡似乎还赖在凛冬不肯离去。

车窗外缓缓移动着闪烁不已的夜空、大朵大朵的白色积云、绵亘不绝的森林、暮色苍茫中的草地、水光潋滟的池塘、不知通往何处的小路……对于这些景物，以往通过俄罗斯的文学和绘画作品，早已熟悉了。我惊奇的是，时移世易，这些景象依然如此“古典”，与俄罗斯作家和艺术家笔下描绘的一模一样，仿佛它们做过艺术作品里的模特，就一直驻守在这里，等待着后世的读者打量和见证。

风景中最醒目的自然是白桦林了。白桦是俄罗斯民族的象征，辽阔大地上的精灵。来到俄罗斯短短数日，无论城区，还是郊野，白桦林触目可见，仿佛处于放任疯长的状态。白桦通直颀长，躯干洁白，像是统一被粉刷过一般，哪怕夜色渐渐笼罩大地，也一眼能够辨认出来。随意翻开19世纪俄罗斯作家的作品，对于白桦林的描摹俯拾皆是。叶赛宁这位敏感的俄罗斯田园诗人，毋宁称为白桦林诗人才更为确切。在他短短的一生，写下了大量散发着白桦芬芳的诗篇，以至叫人疑心他的诗作都是在桦树皮上写就的。被公认为他十五六岁时所写的“最早的一首”——《“天已黄昏”》，短短十多行诗句，其中心就指向白桦：“多么温暖、惬意，犹如在冬天围着火炉，白桦亭亭玉立，仿佛一支支高大的银烛。”而叶赛宁公开发表的第一首诗也是《白桦》：“我带着一身疲倦，从遥远陌生的地点，回到了可爱的家园。白桦树啊，依然站立在水塘旁边。她穿着白色的裙子，垂着绿色的发辫。”诚如叶赛宁诗中所咏唱的，白桦就是家园的路标，是伫立在茫茫旷野的少女，在永远守望着浪迹天涯的游子的归来。

俄罗斯永远都不缺少一望无垠的原野，广袤、平坦，如大地敞开的怀抱。当薄雾小心翼翼地弥漫开来，就会显露本来的面目。此刻窗外掠过的暮色中的原野，除了一架架高压输电塔经过，同样看不到已经开发，或者遭受破坏的痕迹，只有疯长的野草和散落四处的一簇簇树影。谁会想到这里会是圣彼得堡的近郊。其实来到俄罗斯的短短数日，常常就能发现这些未开垦的处女地。也许因为地广人稀，俄罗斯人疏于开发，也许是为了保育生态的有意保留——记得一位俄罗斯作家如此写道：保留一小块太古时期的土地，不是为了自己，而是为了艺术和后辈子孙，以便使人能呼吸到一丝丝毫未被触动过的角落里的空气，看到大地的清新面貌。他还进一步写道，没有遭受破坏的大地具有使人变得高尚起来的力量。

蓦然车窗外出现了池塘的影子，波光粼粼，水中央浮着一小片沙洲，上面点缀着一小片树林，暮色中仿佛在向过往的车辆频频招手。我想起了俄罗斯风景画大师列维坦的《深渊》。这是我小时候熟悉的一幅画，被喜爱美术的爸爸长年挂在家中客厅最醒目的位置。现在即使我闭上眼睛，也能勾勒出画中的细节：余晖映照下的水面，架着枯木搭建的桥，连接着泥泞小路，通向黝黑隐秘的森林。画面一侧，水面闪烁着粼粼光影，还有大团模糊的树影。画作所描绘的是森林边缘的池塘，之所以被列维坦命名为《深渊》，据称与当时吞噬了生命的传说有关。列维坦仿佛是一个直接从俄罗斯大地上采撷和取材的抒情风景画大师，他能捕捉大自然瞬间的美，并用画笔将其诗意地描绘。他的画截取的都是俄罗斯大地的四季变化，白桦林、月夜、干草垛、墓地上空、金黄色的秋天、天边的云……他同时也更善于画水，他的诸多画作总离不开水的描绘，伏尔加河、乡间夜晚的水、泛滥的春水、雨后的水塘、被冰封锁的小河……这使得他的作品灵动、闪烁着粼粼水光。

我一直困惑于众多的俄罗斯作家为何会成为矢志不渝的“大自然的歌手”，在作品中留下了如此众多的讴歌自然的抒情篇章，从而成就了一部部皇皇巨著。屠格涅夫、蒲宁、帕斯捷尔纳克、普里什文、康·巴乌斯托夫斯基……这样的名字可以列举出长长的一串。哪怕是契诃夫这样的现实主义作家，也抑制不住对俄罗斯草原的一腔热爱，写下了《草原》这样充满诗情画意的作品。来到了俄罗斯，我终于恍然大悟。在俄罗斯辽远壮阔的大地上，生机勃勃的自然之美无处不在，一个生于斯长于斯的作家无法无动于衷视而不见。大地的丰饶和慷慨，赐予了艺术源源不断的灵感富矿。或者说，是大自然手把手地教会了他们艺术创造。正是笃信未遭破坏的大地具有净化心灵、使人高尚起来的力量，于是回归自然，忠实于脚下广袤坚实的大地，成为他们的归宿和必然选择。在《金蔷薇》一篇关于契诃夫的札记中，具有“散文抒情大师”之称的俄罗斯作家康·巴乌斯托夫斯基曾如此写道：“俄罗斯始终是看不厌的。”在另一篇关于语言和大自然的札记中，他甚至提出：“要用钻石般的语言去描绘大自然，而不想失去对俄罗斯语言的语感，不仅必须经常同普通的俄罗斯人交往，而且还必须经常去接触牧场、树林、河川、老柳树、鸟儿的鸣声和榛树丛下每一朵晃动着脑袋的小花……”

“俄罗斯始终是看不厌的”，对于我这个匆匆走过的观光客，面对广袤无垠的俄罗斯大地，仅仅是翻开了这本大书的小小一角。

车窗上的那张脸

我沉醉于这样的时刻。午夜，整节车厢随着哐当哐当的节奏睡去，我独自坐在窗前。走廊里，有几盏灯兀自醒着，窗外则是不可知的无边的夜。忽然看见自己的脸也紧贴上面——那是一张和白天不一样的脸，陌生而虚幻。

无法知道火车此刻行进到了哪里，其实，行进到了哪里已无关紧要。火车不知疲倦，连打个盹的念头也没有，兀自撒了欢向着沉沉夜色奔去。紧贴车窗，透过冰凉的玻璃，才能看清外面世界的究竟，莫可名状的黑暗，蓦地闪过一棵棵树，如同野兽脊背的山，有着盈盈水光的池塘。自然也有村落，卧在大山的臂弯，仿佛正做着安详的梦，车轮过处，能感知她在睡梦中发出均匀的呼吸。也有月亮，影影绰绰，像一只受惊了的奔跑着的兔子……许久许久我就这样紧紧贴着车窗，伴随着整块的黑暗，偶尔蓦地涌来一大片灿灿灯火——那多半是到了某个城市。“列车飞快奔驰，窗外灯火辉煌。”苏联民歌如此唱道。欢畅的旋律里，有一种期盼，也有一种道不出的隐隐忧伤。

睡意来袭，就去两节车厢的连接处站上片刻，回来再坐回老地方，或者换个坐姿，将窗外细细打量，却蓦地发现，风景已与先前截然不同。远处仿佛出现了平铺的原野，一条模模糊糊的路正不停扭动……

夜愈来愈深，仿佛不可抑制地坠向一个不可知的地方。卧铺车厢里的宁静也被人打破，有人从上铺下来，迷迷糊糊找着暗处的鞋子，而后去方便，回来后举起放在桌上的杯子大口喝水；走廊里有穿着大皮鞋的列车员沉重地走过，以显示自己是这里真正的主人。

我沉醉于这样的时刻，在这陌生的地方，除了自己，谁也不认识，我将自己彻底抛在这全然陌生的世界，虽不至于展开一段新的人生，却至少可以将旧有的一切统统卸下，将那个常常戴着的面具剥下……

一丝梦的气息，弥漫。摇摇晃晃的车厢里，我仿佛被一只手托着，向着迷离的远方滑行……

“哐啷”一声，大片的灯火涌来，列车停顿一下，像是对眼前蓦然出现的情景愣了片刻，随即稳稳停下，重重喘气。“安平——安平——”列车员长长的吆喝从走廊尽头传来。这是一个从未来过也从未听说过的地名，迷迷糊糊中，仿佛感觉自己到站了，要听任本能，跟着一两个扛着行李的陌生人，在这里下来，走出去，一直走得很远很远……

在城市的上空盘旋

落马洲过后是上水

川端康成的《雪国》开篇写道："火车过了县境长长的隧道后，就是雪国了。"自深圳如不走罗湖，而从落马洲出发，搭上疾驶的港铁，掠过一脉悠悠青山，然后穿过长长的隧道，便是上水了。

上水，一个具有标志性的地方，位居香港新界最北端，与深圳接壤，是东铁南来香港的第一站，到了这里，也意味着进入了香港，一个外来者对香港的第一印象从这里建立。当然它也是九港铁路的最后一站，游客从这里离开，也将带走所有关于香港的斑驳记忆。

翻开词典，可以发现，上水，是一个具有多重意义的词语：河流的上游，犹言上游；又指船逆流向上航行。此外，还有为汽车、火车水箱加水之意。

追根溯源，上水也的确与水有关。据香港《北区风物志》记载，上水及粉岭一带古称"双鱼市"，因上水北面有一条"双鱼河"。元末有廖族自福建迁来广东南部，逐渐散居今新界一带建成村落，并在龙口合力凿池（即护城河）筑城，建成"围内村"（今上水乡老围）。由于围内村立于梧桐河之上，渐渐"上水"

便成了附近一带地方的名字。

不知是否因缘巧合，到了这里，就会发现上水是如此契合于这一词语本身，并一股脑地将多个释义涵盖其中。只要搭乘港铁出了上水站，滚滚人潮犹如开闸放水，这里有北上奔赴内地深圳的，也有前往九龙和港岛的，你真不知是被裹挟着冲上了河的上游，还是要逆流而上，反正泅泳其中，注定要在这里被呛上几口水。

在上水站D出口，有长长的有盖人行道，成为连接火车站与上水广场、彩园邨和石湖墟等地的咽喉。这里大概最能凸显上水的繁忙和喧闹。每天人们肩扛手提大包小包，如蚁群般来来往往好不热闹，即使赤手空拳者，也是行色匆匆。遇到上下班或者节假日的高峰时刻，这里更是拥挤得水泄不通。散发广告传单售卖电话卡鸡蛋仔自制甘蔗汁的都来了，还有穷游世界的背包客也来此设摊化缘，以便延续其后的旅行。不过绝少有人回头，行色匆匆的男男女女仿佛总有更为紧要的事情。当然也不尽然，仔细打量，往往有一两个背包男在垃圾桶前驻足，吸起了香烟，烟圈飘向桥下川流不息的马路；两个白制服飞机头的香港仔倚着天桥栏杆谈笑；人群中，一个满面疲惫的女孩推着硕大的行李箱突然停住，弯下腰……像是匆匆行进中的一个暂停，一口喘气，顷刻间他们就不见了，被涌来的人潮淹没。

上水之所以如此繁忙，当然因为周遭遍布屋邨，原住民甚多，毫无疑问很大程度却是拜水货客所赐。这个带水字的地方，俨然已是庞大水客群的集散地和大本营。上网一搜，就有“上水代购者的天堂”之说法，并附上详尽的攻略和指南。半人高的行李箱和驮满货物的拖车成了这些水客们最基本的标配。组成水客大军的，有的来自内地，也有的来自香港本地，他们俨然都是搬运工，以蚂蚁搬家这种最原始的方式，将港货源源不断地运往内地。这些货物五花八门形形色色，有奶粉益力多尿片手机电器名表化妆品沐浴露药品燕窝鲍鱼，等等。水客利用货物的地区差价，扰乱市场，为此香港警方频频出手打击。在上水站入口，一旦行李属于大件超过一定的体积，便要停下过磅接受严格检查。尽管如此，也难以遏制其蔓延的势头。

于是，上水这个带水字的地方，便成了水客们龙腾虎跃的江湖码头。天桥上、店铺前、行人道上都能见到他们异常忙碌的身影。有的呈散兵游勇状，有的则组成浩浩荡荡的大军。新丰路上，我曾目睹十多个妇女的“师奶兵团”拖着行李箱列队经过，煞是壮观。水客还在路边街头随意停留摆放物品，大有鸠占鹊巢之势。为此当地居民不胜其扰，也加剧了两地间的矛盾和疏离。在上水站出口，我曾看见一位精瘦男子将物品散落一地，占据屈臣氏店前的行人通道，一名阿sir上前制止，他竟辩称，第一次来香港，不知这里的规定。

照例常常搭乘东铁，我的目的地往往远在九龙或者港岛，上水只是途经的一站，我与这里原不该有什么瓜葛，纯粹是误打误撞，竟有了不解之缘。

有时候已是午后，过了落马洲，未及料理午饭的我早已饥肠辘辘，车过上水，便直扑车站内的美心快餐店，填饱肚囊再接着上路。上水对于我，已然成了一个加油站。

有段时间，我还常常与一个朋友结伴同游。他是富有个性之人，来到香港，不逛商场，也不去景区，却热衷于游晃大学校园，混入学生当中听名家讲座。另外，他还酷爱登高望远，为了这一目的，登山之余，他还常常攀上居民屋邨的楼顶。他鄙视购物，为此每逢与他同行我不去商场，也断了购物之念。这样我的背包常常空空如也。不过晚间搭上北上的东铁线回程时，途经上水，我毅然跳车，让他先回，我独自去附近超市转悠，无非买些日用品和食物，不过倒也长长松了一口气。

更多时候，我充当独行侠，来到香港就在上水止步，没有向导，也无须旅行指南按图索骥，支配我的只是一个简单的想法：在上水走走。

其实用不着刻意找寻，跟随马路上匆匆的行人或者飞快滚动的拖车及行李箱，就能来到石湖墟、新康街这些上水最为喧闹的商业街。石湖墟、新康街的繁华程度自然不能与油尖旺、铜锣湾这些闹市区相比，估计几分钟就能从头走到尾，不过这里麻雀虽小五脏俱全，一样集中了惠康、屈臣氏、卓悦、万宁、货真栈、周大福这些香港最具代表性的品牌，举凡化妆品、药品、日用品、服装和食物等应有尽有。那些挤挤挨挨密密麻麻貌不起眼的唐楼已然残旧，带着旧时光的痕迹，驻足打量，如果不是身旁停着的豪华轿车和足蹬波鞋的少男少女昂然飘过，真疑心时光倒流，穿越到了几十年前的老香港街头。

就像油尖旺这些地方已被游客蚕食一般，新康街也满眼晃动着拖行李箱、背包的游客的身影。也许他们多是持一周一行通行证的游客，从一河之隔的深圳，以最少的时间采购一些日用品回去，但更多的恐怕是一些所谓的代购者了，他们成群结伙聚集在杂货店和药房里，近乎疯狂地血拼所需的一切。一次路过万宁门口，看见一个蹲着的女孩将行李箱放倒在路边，正在清理“战利品”，我好奇于她的行李箱里藏着什么秘密，不由多打量了几眼，一个个方方正正的盒子码放得整整齐齐，该是那些用来装点人间春色的化妆品吧。扫荡了如此丰厚的战利品，我猜想这个女孩大概就是一家高人气港货网店的店主。想起某次在皇岗口岸等大巴时，一个与我有一面之缘的女孩，拖着半人高的行李箱，自称是一家化妆品代购店店主，本来家住湖北，但为了便于往来香港取货，索性常住深圳，每周定时去尖沙咀名牌化妆品店取货，对于两地间的差价，她透露，有近30%的利润。

出了新康街，就是龙丰花园街市了。每到薄暮时分，一家家烧味店的灯渐次亮了，照亮了一只只倒悬着的油光闪闪的烧鸭、烧鹅和油鸡。沿街的菜档，也一字儿摆出番茄、菜心、禽肉、海鲜等新鲜食材，从远处看，就像打开了五颜六色的油彩铺。随即欢声笑语也此起彼伏地飘荡，空气里氤氲着一丝丝温馨的味道，返工归来的人们多了起来，流连在菜心烧味生果红肠面包之间，筹备着一家人的晚餐。而摊主则极其利落地过磅装袋，并送上一声“唔该”（粤语：谢谢）。这该是世界每个角落都不难见到的寻常画面，却无疑为鱼龙混杂的上水平添缕缕人间烟火气。

许多人总归咎于上水没有大型商场，不能有效分散人流，才导致游客源源不断地涌往油尖旺和铜锣湾，使得这些地方压力倍增不堪重负，以致香港政府起意要在上水兴建大型商场。其实上水的购物商场也不算少了，与上水站连接的就有上水广场、彩园村、上水汇等商场，足以消化大量游客。上水汇甚至将广告打进了深圳罗湖地铁站，并许以购物折扣优惠的诱惑，体现出为吸引游客驻留上水的用心。但不知为何，这些地方却常常游客寥落，人气远远赶不上沙田和旺角等地的商场。以我的角度，到了香港，人们也许不深入腹地，总不满足吧。恐怕这也是上水这往来香港最初一站和最后一站的尴尬之处。

“翻山越岭”游香江

香港是一座城在海中海在城中的城市，也是一座城在山中山在城中的城市。

忘不了许多年前第一次赴港的印象。车过罗湖桥，进入新界，放眼望去，山岭层叠丘陵起伏之间，散落着一幢幢如积木般搭起的楼宇，早就听闻香港寸土寸金，移山填海，眼前所见算是得到了印证。后来到了九龙、港岛，发现攀附在山岭间的建筑就更多了，且不说那些连绵起伏的山脊上疯长着蔚为壮观的楼群，就是在闹市区一座毫不起眼的小山包上，也会发现突兀地矗立着一幢孤零零的瘦长形楼房。

的确在一个初访者的眼中，香江除了海，山岭是抹不去的存在。张爱玲在《倾城之恋》中，就描写了主人公流苏第一次来香港，对峰峦留下的印象。她随徐太太从码头叫了汽车去浅水湾，路上所见与她居住的上海自是不同，走了多时，均是“翻山越岭”，“一路只见黄土崖、红土崖，土崖缺口处露出森森绿意，露出蓝绿色的海。近了浅水湾，一样是土崖与丛林，却渐渐地明媚起来。许多游了山回来的人，乘车掠过他们的车，一汽车一汽车载满了花，风里吹落了凌乱的笑声。”

香港境内大小峰峦，星罗棋布，也不独存在于流苏去浅水湾的路上，打开香港地铁线路图，就会发现与山岭有关的站名俯拾皆是：粉岭、马鞍山、调景岭、钻石山、炮台山，这些站名自然指代各自的山岭，它们串起港九和新界，每天搭载着无数人，无时无刻不在“翻山越岭”。

这些年来，我无数次往来香江，常常走进“山”中，也常常住进“山”中，一度友人在牛头角彩盈邨的家便是我的落脚处之一。这里属于九龙观塘区的大型公共住宅区，几十幢联排大厦，均以“彩”字命名。住宅区坐落于高高的山上，往往从地铁站出来，穿过一条长长的廊桥，还要搭坐两次升降机方可到达。在此处往往能体会到香港移山的伟力，山头被推平，悬崖峭壁如同斧劈刀削一般工整，艳阳高照下，一排排白色楼宇沿山崖齐刷刷矗立，俨然一片孤城万仞山。入夜以后，这里又是另一番情景。一天傍晚我们在附近龙德广场的海鲜酒家用餐，外面有一个大阳台，坐久了，我出去透口气，从这里远望，山上楼宇，山下桥梁、马路，一簇簇灯火竞相闪亮，熠熠生辉，满坑满谷流光溢彩。

其实，在香江这只是随处可见的景致，更为壮观的“不夜城”胜景还在维多利亚港和中环。前些年，好莱坞来香江为《蝙蝠侠：黑暗骑士》拍摄外景，就选中了这里，这也是这部系列片首次到美国以外的地区取景，为此香港康文署倡议维港一带大厦打开所有的灯光，以营造更为惊人的“不夜城”奇观，灯火闪闪、火树银花的夜空背景，的确可让凌空一跃拯救世界的蝙蝠侠更显轰轰烈烈。太平山历来是热门旅游胜地，登临山顶，可饱览辉煌的维港夜色。坐上缆车，但见一幢幢摩天大厦拔地而起，在夜色的映衬下无比璀璨，如光影摇曳的巨型圣诞树森林，置身其间，使人恍若正畅游于灿灿银河。这时眼尖的游客还会发现其中就有耀眼的半山豪宅区，听说那里因居住着华人两大首富李嘉诚和马云，成为名副其实的钻石山。

香港人习惯于将爬山称为行山，大抵以为爬山不过是一种日常行为。香港四分之三的土地尚未开发，大大小小的峰峦邻近闹市和住宅区，市民往往出门就是山径，就是山岭，不必全副武装大动干戈，行山乃至“翻山越岭”就像行走一样随意自然。

旺角之旺

在香港，我最熟悉的地方就是旺角了。我曾经在香港短暂进修，就住在旺角。很多时候，我来到香港，不知不觉搭乘东铁就到了旺角。另外，内地来了亲戚或朋友，我做向导也往往首先要将他们带到旺角。

旺角，是香港九龙中部一带的统称，据说千年前就有人在此，在20世纪初开始繁盛。一个“旺”字，概括出了其最大的特点。我不知在中国诸多城市的街名中是否带有这个“旺”字，来到旺角，方知它真是不枉起了这个名字，其兴旺的程度，超乎想象。你会发现，这里有着永不散场的人群，随时都会从地铁口喷薄而出；假若穿过地下通道去对面的朗豪坊，非要使出浑身解数奋力突围不可，仿佛全香港的人，或者全世界的人都约好了要在此相遇。置身于巨大的漩涡之中，欲进不能，欲退不能，只有被这股人流裹挟着，方能缓缓移动。

自然最能充分体现旺角之旺的要数那一家挨着一家的店铺和商场了，百老汇和丰泽、许留山和大家乐、卓越和万宁、鸡仔唛和堡狮龙，真是乜都有，叠床架屋，勾肩搭背，各种广告、招牌分别从头顶和逼仄的空间里见缝插针，天空在这里被挤扁、压缩，变得支离破碎。即使你盯住某个招牌，一不留神，也会瞬间消失，了无踪影。商铺成行成市，在此形成了颇具规模的女人街、波鞋街、雀仔街、金鱼街，等等。当然，还有受读书人青睐的香港独有的“楼上书店”——因店面不大，租不起当街铺面，隐身于楼上而得名。

还有什么是旺角所没有的？这个问题的准确表述应是，旺角的所有取决于你的发现和搜寻，无论是一款最新款的智能手机，还是在别处业已消失的属于香港老味道的叮叮糖。

在旺角，我常常恍如晨昏颠倒，模糊了夜与昼的界限。当你从一家购物城出来，几乎毫无察觉，夜幕已悄然降临，夜与昼完成了无缝对接。于是触目皆是霓虹闪闪，灯火熠熠，夜色无所遁形，街头亮如白昼。

在西洋菜街和通菜街那方寸之地，两旁积木般的店铺重重夹击下的马路，也往往成为香港光怪陆离社会的一个小小橱窗，每天都有千奇百怪的个人秀在此上演，令人目不暇接。自不必说这里有永不缺席的商品推介会，广告牌如森林般纷纷举起向过往行人召唤，这招不灵，他们还会邀请明星嫩模助阵，往往会在街头掀起一波小小的高潮，一时观者如堵，只为一睹平素只能在电视或杂志封面上见到的偶像真容。曾见一个弹拨吉他的香港仔，在喧嚣中旁若无人地演唱。铺在他身边的纸片介绍，他立志要成为一名歌星，之所以来此演唱，是为了筹募资金，出版第一张个人专辑。与别处流浪歌手备受冷遇的境况不同，这里驻足的行人纷纷慷慨解囊，很快他的面前就堆满了花花绿绿的港纸。常常这里还能看见一个咿咿呀呀唱粤剧的老者，喧闹中他的曲调婉转沧桑，要把人带入那个逝去的香港老时光里。

一个周末，我在街头还偶遇了一个奇人，他是一个年过半百的香港男子，自费出版了一本50万字的哲学书，摆在街头售卖。他对我说，这是他花半生心血完成的书稿。我翻了翻这本“皇皇巨著”，满纸的学术，真怀疑是否能吸引街头匆匆而过的红男绿女。不过这位仁兄自有让行人驻足的必杀技，他在抛售专著的同时，还公开寻找二十年前偶遇的意中人。那时他还是一位意气风发的年轻仔，在地铁观塘线上，与一位美女不期而遇。狭窄的地铁里，她脉脉含情，频频向他“放电”，他以一个情窦初开的男子的直觉接收到了她目光中的灼灼爱意。地铁驶过一站又一站，乘客下来一拨又一拨，他们一直四目交接，他却始终不敢鼓足勇气向她表白，直到她走出车厢，消失于茫茫人海。二十多年来，他追悔莫及，一次次坐上观塘线，盼望出现奇迹，还能与她不期而遇，却一次次落空。不知他所言是否为真，但见他几十年间能完成这厚似砖头的巨著，可见他是个痴人，他的这段艳史恐怕绝非出自臆想。

旺角旺了，也树大招风，在吸引人流滚滚而来的同时，竟引来了罪恶的手。自然这块风水宝地不是出现了郑伊健出演的古惑仔系列片里那类黑帮混战的场面，但提及那个屡屡向人群泼洒硫酸的魔爪，还是叫人谈虎色变。据闻，旺角一度出现了一个躲在高楼上向人群泼洒硫酸的变态佬，每次他都选择在人群最为集中的星期日下手，已经有不少无辜的行人受伤，被紧急送往医院。遗憾的是，由于这个变态佬常躲在暗中作案，幽灵一般，多幢楼房又没有安装监控探头，警方一直未能破案。不过，这也迫使警方展开了天罗地网的搜寻。一日，我去一家楼上书店，爬上陡峭的楼梯，猛抬头，对面墙壁上的警示赫然在目：你已进入监控之中。

叮叮香港

叮叮，拟声词，常与当当组合，形容金属和陶瓷发出的声响。去过香港的人都知道，在港岛至今仍服役着一种古老的有轨双层电车，行驶的线路皆为香江最繁华的商业中心，途经西环、上环、中环、太古及维多利亚港沿岸，它有一个响亮的名字——“叮叮车”。关于“叮叮”的来历，一种说法是，由于开车时司机踩到踏脚从而发出“叮叮、叮叮”的声音；另有一种说法，由于行驶缓慢，电车所经之处皆可听见车轴与轨道摩擦发出“哐当哐当”之声，且每逢停站，必先发出“叮叮叮”的提示音。不管哪一种说法更为接近其真实，这种当今世界已为数不多的有轨电车所发出的音响恐怕都是独一无二的，也成为其标志性的音符，一旦清脆的“叮叮”声响起，便知是叮叮车来矣。

极为凑巧的是，我的一位认识多年的朋友阿钟，如今也成了一名叮叮车司机。阿钟早年毕业于暨南大学电脑专业，原在我居住的城市开了一间电脑铺，售卖并维修电脑，是一位不折不扣的电脑达人。不想赴港定居后，摸惯键盘的他操起了方向盘。阿钟告诉我，他在公司刻意隐瞒了其电脑专家的身份，也甚少去摆弄电脑了。一天适逢他休息，他陪我去体验叮叮车。在中环站上了车，司机正是他的一位同事阿姐，阿钟向她打了招呼，默许我可享受免费乘车的特权。叮叮与别的公共巴士坐法不同，是先坐车后买票，我不明就里，跟在阿钟身后竟掏出八达通抢先刷了卡。不过车资极为亲民，也就区区两元港币。阿钟将我径直带到上层最前座位，向我一路指点所经过的站点，并告知驾驶叮叮车这种老式车难度极大，方向盘沉重更耗气力。另外他最担心的是夜间行驶，因为轨道就在马路中间，他要睁大眼睛提防行人突然窜出横穿马路。好在这是叮叮车，远远地他就会摇响清脆的“叮叮叮叮”，等于预先向行人不断提醒：“我来了！我来了！”

其实在香港，也不光是叮叮车发出这种“叮叮”之声，行人在路口过斑马线时，等到红灯转绿，也会听到一阵阵悦耳、富有节奏的“叮叮叮叮”声。这就是香港在斑马线上设置的提示器，提醒行人可以过马路了。走在斑马线上，当此起彼伏的“叮叮”声传入耳中，行人会不由加快步伐，那些紧盯手机屏幕的人也会幡然“醒悟”。而对那些小心翼翼的盲者，这“叮叮”声无疑还有一种导盲的作用。在我看来，斑马线上的提示音，也是香港这座大都会贴心的细节设计之一。每当走在香港的马路上，无论是人流如织的弥敦道，还是某一个不知名的狭窄路口，听见这富有节奏的“叮叮”之声，也仿佛是车流人流中荡漾着的一缕温情。当然，搭乘地铁时也可发现，“叮叮”的声音也回荡于遍布四处的地铁月台，伴随着列车的到站和离站，大概唯恐乘客会忽略这种叮当之声，月台幕门上大都贴着“听到嘟嘟请立刻停步，听到叮当请先落后上”的提示。

还有一种与“叮叮”有关的是叮叮糖。叮叮糖，许多在内地长大的孩子并不陌生，这是一种质地坚硬、带有芝麻和姜味的麦芽糖。为什么名字要唤作“叮叮”？因为从前的叮叮糖，是由一个人背着一个铁箱，坐在街上，从一大块姜糖中，用铁凿将姜糖凿成小块发售，因为凿糖时发出“叮叮”的金属碰撞的声音，最后被人命名为“叮叮糖”。几年前，香港市民在网上评选本地十大经典零食名单，叮叮糖赫然在列。可见叮叮糖在许多市民心中的地位。那丝丝香甜，无疑融入了许多老香港人味觉的记忆之中，其特有的“叮叮叮叮”的声音也伴随着他们的成长。有香港网友回忆，儿时的周末，最早唤醒自己的不是爸爸妈妈，而是门外铁器撞击的“叮叮”声。自然在眼下的香港，许多老味道也像老铺子一样正在渐渐消失，伫立街头，也难听见一声铁器撞击发出清越之音了。不过，传统事物也未彻底绝迹，在闹市旺角人来人往的通菜街，途经于此，我常常看见一位和蔼长者默默地在售卖着香港传统零食，其中就有龙须糖、叮叮糖。打量着他面前小桌上摆放着的一袋袋香港老味道零食，我依稀听到了一声声遥远而亲切的铁器所发出的“叮叮叮叮”的回响。

沙田，一缕清风

沙田，位于香港东铁线上，从罗湖或落马洲搭乘火车，不过半小时的路程，且无须在九龙塘换乘地铁便可到达，近年来因新城市广场的崛起，俨然已成为许多自由行游客前往香江的购物血拼之地。

那天我们从新城市广场出来，同伴阿雄不能免俗，叫嚷着还要去买奶粉，依他对香港的熟知判断，附近必定有一条店铺林立的街市。于是兜兜转转，等红灯，过马路，途经一处街市，而后来到一个叫沥源邨的地方。站在一排公寓楼前的空地上，来不及打量，阿雄早已探听到卖奶粉的去处。于是又上廊桥，右转，果真发现了一家家密如蛛网般挤挤挨挨的店铺。阿雄如愿以偿，终于买到了想要的如今居为奇货的进口婴儿奶粉。

我们重返新城市广场。原路折回，再次途经沥源邨，看到一家烧味店，我自己买好红肠，见到不远处的空地上安放着一排椅子，便提议坐上片刻。阿雄同意了，刚坐下，他又忽然想起还有一种出自马来西亚的白咖啡忘了买，于是他放下东西让我看管，飞奔而去。

我独自坐下，细细打量起眼前的沥源邨。一幢叫华丰楼的老式楼房，可以看见许多窗户洞开，炫目的灯光下，堆积着许多杂物。而在楼下，是一家恒园茶餐厅，门前摆放着几张餐桌，许多人围拢着谈笑。另一边是我刚刚买了红肠的烧味店，两个店员已开始收档。不远处，还有一家佳美食品超市，敞着门，灯光正水流般倾泻而出。

而在我坐着的空旷处，身旁有一个长者正靠着轮椅，低头，静静发呆，又似乎已经睡着。偶尔有下班途经于此的年轻人，斜挎着包，轻轻走过……这是一幅静谧的画面，没有喧嚣，没有人潮，仿佛有一道巨大的屏风将闹市隔开，只有微风是隔不断的，不经意地袭来。

不多时，阿雄已旋风般归来。事有凑巧，他忽然想起他家有一个远房亲戚就住在眼前的这幢楼里，他依稀记得小时候住在老家潮州时收到的香港来信里，就常常留着华丰楼的落款。

问他现在何不借机拜访这位远房亲戚，他说不记得亲戚的房号，况且也没有事先联络。我于是玩笑道，不妨学学《有话好好说》里的老谋子，站在楼下使劲吆喝，没准就把亲戚喊出来了。

自然这是冒失之举。香港是个处处事事都少不了有人“管”的地方，诸如在住宅区唱歌吊嗓子跳广场舞小孩嬉闹统统都被视为扰民之举，归入遭禁之列。在此一旦放声吆喝，没把他的亲戚唤出，反而将警察招来倒是一定的。

在回新城市广场的路上，从商家散发的宣传单上得知，沥源邨早在1975年正式入伙，是香港沙田区首个公共屋邨，堪称开发沙田新市镇的先锋。沥源邨恐怕就如此穿越了四十余载的漫漫时光，也许门锁已经老化，也许当年的翩翩少年早已双鬓斑斑，但宁静与安闲却几十年如一日地保留着，一如这里的清风不绝如缕。

许多游客来到香江，总免不了抱怨这里如何喧嚣如何拥挤难有清静，须知这往往是游客们流连油尖旺、旺角、中环、铜锣湾这些闹市区的结果。据称香港有近四分之三的区域被绿地和郊野覆盖，可谓郊野公园处处，遍及全港，也是世界上为数不多出门即是郊野的城市之一。你只消回头，从繁华人群区抽身而出，便会发现距安宁和静谧只有一步之遥，随时随地面对四分之三的香港闹中取静。

东铁线蒙太奇

每每谈及香港东铁线列车，内地的游客通常会将这条贯穿香港新界九龙，并连接深圳的交通大动脉误以为地铁，这时候当地朋友就会以暗含纠正的口吻说：“来香港就坐东铁火车。”或者“在上水火车站月台见”。

的确，一个游客很容易发生误会将东铁线当成地铁线，这是因为它的乘坐方式完全与地铁无异，或者说完全颠覆了人们通常搭乘火车的习惯，无须买票抢票，无须大排长龙进站接受安检，也无须在候车室等待发车。这些大凡乘坐火车必要的程式和步骤统统简化，你只需掏出八达通或买一张车票就可随时进站、上车。

但比起内地那些漫长的铁路线，东铁线全长仅有41.8公里，从九龙红磡开始，经过旺角东、九龙塘、大围、沙田等十多个车站，到达深圳及和香港交界的罗湖和落马洲，并且在罗湖经罗湖桥与广深铁路连接。此外，东铁线穿越九龙、新界，同时接驳观塘线、西铁线和马铁线，大部分车站及路段均在地面之上，并全线为电气化，在路线图中以天蓝色代表。

东铁线之所以被人们误会，还与东铁线的历史渊源和运营方式有关。东铁线于1910年10月1日投入运营，由九龙经新界到罗湖，是香港首条通车的重型铁路，当时由九广铁路公司拥有，称为九广铁路（英段），简称“九铁”，1996年易名为九广东铁。2007年12月，九广铁路网络与地铁网合并，成为港铁的一部分，以往的九广东铁则改名为东铁线。因此，不少香港市民直到如今也习惯于将东铁线称为“火车”或“电气化火车”。

我所居住的深圳距香港仅有一河之隔，近两年，我被派往香港，加上也有朋友散落港九新界各处，我常在两地之间往返奔走，过起了所谓的双城生活。尽管从深圳过境香港现有罗湖、皇岗、深圳湾、文锦渡等八九个口岸，甚至我的住处距深圳湾最近，不过短短数公里，但我宁愿舍近求远，习惯于从距离较远的福田或罗湖口岸出发，也不在乎多坐几站地铁，就是因为从这两个口岸可以直接搭乘东铁线。

我常常搭乘东铁线列车，也不纯粹为贪图便利和快捷。如果论及便利和快捷，可能还不如去坐跨境巴士，坐跨境巴士全程拥有豪华座椅不说，中途也不停靠，行驶时间也大为缩短，从深圳湾或者皇岗口岸出发，直抵香港油尖旺等繁华闹市区，皆可在一小时之内完成，但那种从容和散淡似乎坐上列车才有。上了列车，即使无座也无妨，斜倚在车门一侧，看窗外一带青山聚拢着雀跃着奔来眼底，便有了如汪明荃粤语歌《万水千山总是情》中所唱的情景：“莫说青山多障碍，风也急来风也劲，白云过山峰也可传情。”也许在我这个伪铁道迷的潜意识中，不过借此又多了一个搭乘火车的理由也未可知。因为比起别的交通方式，恐怕也唯有坐上火车——哪怕短暂的旅程，才能给予人在旅途的体验。

每日东铁线落马洲段起止时间为6：00—22：30。罗湖段为6：00—24：00，与口岸开放和关闭时间正好相互衔接。多年来，往返两地，我从落马洲或罗湖搭乘东铁线的时间也不固定，偶尔在上午、傍晚，但更多的是在午后，当然会尽量避开周末人流扎堆的高峰时段。午后的车厢里乘客往往稀稀拉拉，如果一直走到最后一节车厢，甚至还会发现里面空无一人，那么暂时我就可独享整节车厢了。地处岭南，一年四季几乎艳阳高照，火车徐徐启动，驶入那一片平铺开阔的郊野，随后越来越快，阳光在车厢里欢快地跳跃，窗外掠过的树枝洒下斑驳纷杂的光影。而如果在薄暮时分搭乘东铁线，又是另外一番情景：车厢里的灯光蓦然闪亮，窗外的天色、山岭、建筑、桥梁一律笼罩在蓝色的暮霭里，火车飞驰，环顾车窗，就像在播放一幅流动的延时摄影画面。

忘不了一个初夏的下午，我与一位友人同游香港中文大学，站在山岭上的教学楼远眺，雾锁维港，黑云压顶，及至我们下山，穿过寂静的校园，一场预料中的骤雨将临，眼看就要将我们浇成落汤鸡，所幸在风雨横扫之际，我们已赶到东铁线车站月台，顺利搭上了一趟驶来的列车。刚刚关上车门，雨水在车窗上使劲敲打着，仿佛在发泄它的愤怒。

香港居大不易，有段时间我不常留宿，属于被香港旅发局所归类的不过夜旅客，往往购物完毕，或者与朋友聚餐结束，参加完某个派对，便会搭东铁线列车返回。如果聚会地点恰在需要跨海的港岛，又在夜间，那么回程时间便变得格外吃紧，要精心计算，争分夺秒，方才不会耽误赶上东铁列车。记不清有多少回我搭上最后一班火车已是午夜，奔波一日，在晃荡的车厢里，无论是坐着或斜倚在车厢的一侧，困倦时时袭来，蓦然间，当属于这座不夜城的一大簇灯火从窗外涌来，便立时打起精神，耳畔也毫不违和地回响起那首“列车飞快奔驰，窗外的灯火辉煌”的俄罗斯民歌。

照理比起纵贯全城的城际交通工具，东铁线起始点在午夜停止发车，也不算早了。但因我的惰性使然，常常免不了紧赶慢赶，为此有段时间我竟心生焦虑，唯恐误了最后一班列车，从而不得不穿越半个城改乘其他交通工具，转往24小时通关的皇岗口岸，或者大费周章地去寻找住处，以致我曾做过这样一个与东铁线有关的梦——

伫立街头，我一看手表，怎么也不敢相信，时间已接近深夜11时半，此刻我还人在旺角。我必须在午夜12时前赶到罗湖，否则一旦口岸关闭，我就回不去了。如果我抓紧这最后的时机，尽快坐上东铁列车，兴许还来得及，还能在口岸关闭前到达。

这个时间，旺角一如既往，还是人潮涌动，灯火闪闪。我拨开闹哄哄的人群，一阵小跑，拼命寻找地铁口。这是我极为熟悉的路径，曾无数次从这里来回。我走进一幢大房子，沿着长长的走廊，我试图穿过，忽然意识到，我必须抄近路才能赢得时间。然而，穿过这条长长的走廊，我爬上了一座兀立的小山。环顾四周，人也变得稀少，周围漆黑一片，煞是荒凉。这是我从未来过的地方，我忽然发觉我可能已经迷路，心中不由一阵慌乱。

万幸的是，很快我就听到了巨大的轰鸣声，从不远处徐徐传来，越来越近，是火车进站的呼啸。那么可以断定，车站就在附近，或许就在山下。我试着往山下望去，却是一片漆黑，什么也看不见，火车的轰鸣声却愈加真切和清晰。

我变得大胆起来，又往前下探了两步，忽然脚下一阵松动。就像在许多电影中重复过的镜头：我连人带泥土、石块、荒草一同缓缓掉了下去……

在东铁线上穿梭，我也常常会不自觉打量起列车上形形色色的乘客。一进入车厢，粤语盈耳，电视里滚动播放的新闻广告以及火车启动后不间断报站的声音，都无不提示你来到了一个粤语世界。自然那些操粤语的香港市民构成了东铁线列车上的主体。从罗湖或落马洲站出发，东铁线自北南来，一个个站点，串起了新界和九龙，将沿线的市民，向着四面八方输送，每天一过上水，上车的乘客越来越多，其中大部分会在九龙塘换乘地铁观塘线，在此火车与地铁的无缝接驳，也意味着每天无数市民与这座城市的紧密联系与互动。而若是在上下班高峰时段来到东铁线上，则可发现客流量达到了一天的峰值。高峰时段的东铁线列车发车密度平均为两三分钟一班，尽管如此，当一列列车驶来，敞开肚囊吞吐了一批乘客，更多的乘客又涌上了月台。看到如此情景，你会感叹，港铁东铁线大概堪称世界上最繁忙的火车线路之一了。

其实上下班时间也非东铁线上唯一的繁忙时段，在夜半也即夜间10至11点，这趟铁路线还将迎来一天里最后一拨人流高峰。不知是香港居民热衷于夜生活，还是家中居住环境过于局促，抑或都在忙于加班和交际，许多市民往往会不约而同在此时归家，通过城市的各个毛细血管汇聚到了东铁线上。此时车厢内一扫白日的平静和矜持，而有了些许嘈杂和喧闹，三五成群的市民，也许刚从某个派对或喧闹的街头归来，谈笑着延续未尽的余兴。

近日偶尔在网上看到如何一眼区分内地游客和香港市民的

帖子，自然单从外表和衣着如今也许很难“一眼”区分了，但如果坐在东铁列车内，还是很容易发现两地人员的不同和特征。据我的观察，港客们较为“独立”，总是与他人刻意保持适度的距离，遇到车厢内乘客稀少时，就会一直走到车尾捡一个无人的座位，享受“孤独”。而当车厢里拥挤时，也尽量与人避开身体的接触，甚至眼神的对接。火车驶到下一站，好不容易“腾”出一个座位，也无人前去争抢，在确信无人来坐时，才终于有人缓缓坐下。车厢内大部分时间是安静的，人们都沉浸于手机刷屏，仿佛恨不能缩小身体，要钻进那方寸的空间。有人指责在香港火车或地铁上无人给长者让座，我的确许多次眼见为实，后来明白了也许这是一种乘车文化，不主动让座，也许是不想因此提醒那些长者已经衰老的事实，再说为有需要人士特设的专座，也常常虚席以待，即使空着，一般“不符合”的乘客也不会贸然坐下。

在东铁线上也穿梭着为数众多的游客，不少人正是搭乘这条线路的火车初次来到了香江，也即他们对于这座城市的第一印象是通过车窗外飞掠而过的青山、郊野、河流和鳞次栉比的建筑建立的。我曾在东铁列车上亲眼看见、亲耳听见显然是初次来港的两个内地女孩望着车窗，发出了“香港好干净”的赞叹。内地游客们从四面八方赶来，掮着大包小包，滚动着巨大的行李箱，不仅仅前来观光旅游，更直接的目的却是前来香港这个购物天堂买买买。每天被东铁线列车和高铁以及众多的跨境巴士输送，然后流向沙田、油尖旺、铜锣湾、中环等各处。往往到了暑期、圣诞这些商品打折季，人数规模就更加蔚为壮观了。毫不夸张地说，每天如潮水般涌来的游客也是促进香港持续繁荣的诱因之一吧。

东铁沿线因此衍生出一个特殊的人群——代购者，或曰水货客，为了赚取货品的差价，他们将举凡电器奶粉化妆品洗发水食品等进口物品，化整为零单兵作战，采取蚂蚁搬家的方式，源源不断地搬往内地。其活动的路线之一，就是搭乘东铁线列车，并在距深圳一站远的上水形成了水客大本营。当然许多零散水客也会沿东铁线继续南下，深入九龙甚至港岛各处。水客的存在，严重扰乱了内地和香港的经济秩序，为此两地警方也一直不遗余力地打击和清理。在上水火车站进出口通道，每天都可发现警察在对携带大宗行李者进行盘查。水货客在扰乱商品市场的同时，也对车站及周边环境带来影响。他们拖着半人高的行李箱，在拥挤的人群中横冲直撞，如过无人之境，并常常占据狭窄的人行道，对过往行人造成障碍和影响。许多次在上水站月台，我随不少乘客排队候车，哪知列车一来，还未等车上的人下完，刚刚赶到的几个水客早已拖着巨大的行李箱“捷足先登”。有时在月台分明是在往前行走，忽地斜刺里杀出一只巨大的行李箱，仿佛要拦路剪径……我知道遭遇匆匆赶路的水客了。

无可讳言，一些游客也将平日的陋习带到了列车上，比如不排队、抢座、大声喧哗、进食等。一天傍晚我在搭乘东铁线列车回深圳途中，一个男子举着手机，操着一口带某地口音的普通话，高声大谈生意经，一口一个某总，一口一个资金，声若洪钟，气势如虹。一时间我怀疑他是在旁若无人地表演单口相声。也许在别处看来这不过是稀松平常的举动，可在一向安静的东铁线列车上却显得刺耳、格格不入。

两地的文化差异和遵守公共场所秩序的差异性，也势必带来冲突和摩擦。一些香港市民抱怨旅客的大量涌入和不文明举动，造成了滋扰，影响了原有的生活。内地旅客则认为有些香港市民冷漠、不友好，甚至有歧视之嫌。前些年，网上曾转发过一篇《内地游客在香港地铁进食引争执》的帖文和视频，从而引发广泛关注。视频涉及的事件发生在一列从九龙红磡出发，开往罗湖的东铁线列车上，一位内地母亲，把干脆面倒到她女儿手里，小姑娘捧着吃，过程中不小心将干脆面洒落地上。港铁列车上禁止进食。一位香港乘客见状，用不太标准的普通话制止："对不起，这里不能吃东西。"小姑娘听到这句话后，停止了进食，而她的妈妈却怪这位乘客多事，她的同伴则嘲笑这位乘客普通话太差。这位香港乘客情急之下，也说了"你们内地人都这样"的话。视频展示了双方陷入争吵和僵持并喊来港铁职工的过程。视频引起香港、内地乃至海外网友的评说围观。有网友说，好言相劝，若恶言相向，就会弄成闹剧，只要内地人守规矩，香港人包容心多一点，就会小事化无，大家都有需要改进的地方；另有网友说，只要在孩子面前，大人说句"我们错了"，怎么会出现如此丑陋场景，有时只需说"是我错了"，文明就会迈出第一步。

近三四十年来，内地和香港的人员更多的是交流、互动和融合，是"你中有我、我中有你"。如今，在香港和深圳，就出没着一类特殊的人群，每天早上和晚上往来穿梭于两座城市之间，过着真正的"双城生活"。这类人群有住香港在深圳工作的，也有在深圳居住在香港工作的。据闻，每天这样往返跨境工作的人数如今已超过3万人。每天无论清晨或傍晚，在香港、深圳各大口岸，在东铁线列车上都能看见这类人群来去匆匆的身影。无论住在深圳福田，在香港中环上班，还是住在香港观塘，在深圳罗湖开展业务，搭东铁列车，转地铁，每天单程在路上的时间恐怕都不会少于两个小时，这样算来，他们每天往返两地就会花费五六个小时之多，可以想见，早出晚归，在列车上及路上俨然已成为这类跨境人群的生活常态。他们的这种生活模式，无疑为深港两地的融合和互动提供了一个活生生的注脚。

其实，在深港两地还往来着一群特殊的孩子——跨境学童，即在香港上学，在深圳居住的儿童，他们通常每天一早从深圳湾、福田等口岸，在校车阿姨护送下，排着队，浩浩荡荡地从特别通道过关，搭乘大巴，前往香港的学校。常常在下午，在驶往罗湖或落马洲的列车上，不时可以看见三三两两身着香港校服的孩子，毫无疑问，他们就是放学后回家的跨境学童。有时坐在晃荡的车厢，我不免在想，列车在飞驰，他们也在一天天长大，特殊的生活，特殊的跨境生涯，夹杂在两种不同的文化背景下，将造就他们何样的人生，他们的未来又将如何书写?

东铁线虽是一条现代的铁道线，也常常叫人恍如踩在时光的分水岭上。一头伸向未来，一头连着久远的往昔。

夹杂在形形色色的乘客中，我还常常想起一个人——张爱玲。1952年7月，张爱玲在拿到香港大学注册处的入学通知书三个月后，毅然离开上海前往香港。这一年，她32岁。早在10年前，她曾在香港大学就读，因为太平洋战争爆发香港沦陷而辍学返沪。出走香港的这一年，她先从上海来到深圳，然后跨过罗湖桥出境，踏上了香港九广铁路——与今天的东铁线所走的正是同一路线。栖居香港数年后，张爱玲移居美国，她将出境香港的经历写进了《重返边城》里：火车上下来的一群人过了罗湖桥，张爱玲把证件交给铁丝网那边的香港警察，警察关切地让她到旁边小块阴凉地去。此时，张爱玲写道：“我们都不朝他看，只稍带微笑，反而更往前挤铁丝网，仿佛唯恐遗下我们中间的一个。但是仍旧有这么一刹那，我觉得种族的温暖像潮水冲洗上来，最后一次在身上冲过。”

移居美国数年后，张爱玲重返香港，在九龙她分租的公寓有个大屋顶阳台，晚上空旷无人，她闷来上去走走，总会眺望远方夜空。仍是在《重返边城》中，她写下这样的句子：“满城的霓虹灯混合成昏红的夜色，地平线外似有山外山遥遥起伏，大陆横躺在那里，听得见它的呼吸。”

其实，那条铁道线也听得见呼吸，曾经载着她从罗湖桥驶离内地，彼时却再也无法载她回去了。

“哐当哐当”，火车仿佛滑入另一条轨道，车窗外昏红的夜色里，一片片灯火晃晃悠悠，簇拥着紧贴车窗浮了过来。我又坐上了最后一班的东铁线列车，此刻驶往落马洲的列车早已开出，我将随列车驶向终点罗湖。这时候恰好也逼近了午夜——这是一天的终结，也将是新的一天的来临。

澳门乘车记

说到澳门的交通工具，首先一定要提及赌场的免费巴士。只要你来到澳门，从外港码头或关闸出来，都会被这些穿梭于赌场的五颜六色的巴士所吸引，它们见缝插针地占据所有的空地，不管大巴中巴，一律被涂抹得五颜六色，还有醒目的赌场名字，诸如新葡京、金沙、银河、美高梅、新威尼斯人，等等，当然也有穿着制服的性感女郎举着招牌露着职业的微笑在一旁恭候。这些巴士也不刻意招徕，更不会过问，任来客径直上车，然后待车一坐满就马上启动，将你载往城中那些五光十色的大小赌场。你也可以纯粹将赌场的这些巴士当作“顺风车”来坐，到了赌场尽可过其门而不入，然后再前往你要去的地方，对此财大气粗的赌场从不计较，任游客自由上下。显然赌场的免费巴士已成为众多游客在澳门首选的交通工具。

多年前初入澳门的我却不明就里。那年秋天与我一位同事结伴从香港搭乘喷射飞船走出外港码头，想往城中先找一处栖身之所，欲搭乘公交巴士却遍寻不得。实际上我们也无明确的目的地，只想进入市区交通便利之处随意觅一家廉价旅店栖身。可满眼看到的都是这些五颜六色的赌场巴士，以为是人家早已预约的赌客专车，不敢贸然上去。最后好不容易坐上了公交巴士，却误入歧途驶离市区到了氹仔，后经好心的澳门市民指点，才辗转回到市中心。看来初入澳门就酿成不堪回首的狼狈之旅，皆因我们没有踏上赌场的接送巴士。

不过，赌场巴士充其量也只是一程的“顺风车”，如果你的目的地距赌场较远，就只能选择别的交通工具了。在所有交通工具中，的士无疑是最为便捷的，尤其对那些人生地不熟的游客而言。但在澳门恐怕要颠覆这一定律。不错，澳门大街小巷都穿梭着一辆辆的士，可要顺利搭上一辆，却非要费尽九牛二虎之力不可。首先澳门并不像在内地多数城市那样，站在马路两边看见的士远远驶来，招手即停，而是必须去固定地点打车，一个游客要找到这些停车点并非易事，即使终于找到了，那长龙般摆动的队伍也绝对让你泄气。在关闸口岸、内港码头、外港码头以及新葡京赌场门前这些地方常常可以看见游客等候的士的壮观场面。当然，运气好了，在某个不怎么繁忙的路边也能遇见停靠的的士，不过上去询问往往免不了遭拒。我已经听闻许多人抱怨在澳门打车难了。我自己就有切身之痛。去年十月我搭船来到澳门已是下午五六时，因晚八时要参加艺术中心举办的音乐会，我急欲赶到预先订好的濠璟酒店，以便卸下行囊。因是第一次入住那家酒店，不熟悉路程，先坐了赌场巴士到了新葡京酒店——在我心中，这里才是澳门不会迷路的地标，却怎么也打不到车，不是没有车，相反遍地都是，却无一例外都是拒载。有一辆停在路口的的士，我甚至都坐了上去，当听说我要去的是濠璟酒店，那个女司机吼了一阵粤语，我听懂了，她只去闸口，然后活生生将我赶了下去。无奈我只好往大三巴步行街方向逆流而上，路边倒是发现一个的士站，正有一对夫妇站在那儿，从他们那痛不欲生的绝望表情就可知晓他们已在此长久守候。一辆辆的士从身边呼啸而过，不是已经载客，就是视而不见。为避免对这对夫妇构成威胁并体现出国际友好，我再度回到新葡京附近。皇天不负有心人，在滚滚车流里守株待兔多时，我终于抢到一辆。司机有着圆圆的脑袋，自带几分喜感，当我向他抱怨一路遭遇打车难，他责怪我不知感恩，今天算我幸运，他们大都只去闸口等远途，载我一趟只赚十几元港纸，等于他做善事。我辩解出租车总不该拒载吧。他回答澳门是讲民主的地方，司机不想去就不去，最近几天还有很多出租车司机在示威呢。我听闻过对民主内涵的许多解读，但将民主与的士随意拒载相联系，倒是长了见识。

不过，在澳门虽说打车难，我还是要赞一赞其先进和超前的一面。隔日深夜我在旅游塔看完演出，前往附近的出租车点排队等车，许是因为距市中心较远，出租车不常途经于此，竟发现路边设置了一种装置，要搭出租车只需揿下按钮。果然，我排在一家三口之后揿了按钮，很快出租车就驶来了。可惜我只在澳门这一处发现这样的装置。

此外，我还要说说澳门的公交巴士。尽管眼下澳门没有地铁，一条在建的轻轨也尚未通车，但从满城奔驰的大巴中巴以及无处不在的公交站，当可确定公交线路密如蛛网四通八达，但要让我这样的游客在短短几日就掌握那复杂的线路和陌生的地名，则过于严苛。不过，我很快就发现了一个秘密。澳门这袖珍精致之城，只要你不去闸口、氹仔那些地方，仅仅围绕市中心游走，完全可依赖最原始安全的交通工具——双脚，安步当车。已然熟悉了地形和路径，我发现即使入住位于半山之上的濠滘酒店，只要不惧山高坡陡，行走至市中心也只消半小时。小住的几天里，我去岗顶、炮台山、大三巴皆赖双脚往返，成了暴走一族。在我看来这样的暴走不但锻炼了脚力，更无须满世界去争抢的士，受司机的鸟气，还可走走停停，一路领略赌场之外的澳门——平静安详的市井风情。一日上午从酒店下山，途经特区政府总部门前竟有意外的收获，原来此日正是特区政府一年一度的“开放日”，我得以堂而皇之进去参观，一窥特区政府总部的真容。后来我住市区的维景酒店，四处游走就更是大摇大摆以步代车。周围有澳门遍布的食街，皆拜步行所赐。

阴错阳差，时隔一年，今年十月我来澳门再度入住濠濮酒店。循着熟悉的路径，我如盘桓山中的猴子，依然上山下山攀爬俯冲。不过连续数日暴走，终觉疲惫，尤其眼下酷暑尚未退去，烈日炙烤，徒步一小会儿，已是汗流浃背。离开澳门的最后一晚我在英皇娱乐城的南湾大马路一带正要上山，路过一个公交车站，见9路车途经我要住的酒店，便二话不说坐了上去。澳门公交车资也不高，仅需投币3.2元澳门币。这是一辆中巴，里面只坐了三四位乘客。一路上司机将车开得飞快，按我暴走的路线，我猜测往我所住的酒店也就三五站车程。不料车子却径直驶向旅游塔。那么也许只是兜一个大圈，就会上山，我猜测着。谁知车子到了旅游塔未停，七拐八拐沿着西湾桥迂回。这辆车的终点为关闸总站，谁知在妈阁庙前地站停靠后，车子随即又加大油门，向黑暗处驶去。也不知将开往何方，只约略觉得离我的目的地越来越远。车子一会儿一个站点，河边新街站、下环街市站，皆是我不熟悉全然陌生的地名和景象。也不断有人上来，有人下去。我疑心根本坐反了方向，或者车子将带我去往某个陌生的地方，我开始盘算在何处下车，可一旦下去，一时恐怕难有回去的公交，而打车则更是无望。这样想着，我就铁了心要坐到终点站再做打算。此刻我内心变得如这车子一样七上八下，穿行在山上街巷的车子也极为配合地一路摇晃，一会儿好似一叶扁舟在水中游弋，一会儿气喘如牛地爬坡，接着向下沿45度角的斜坡急速俯冲，便如同坐了过山车般心惊肉跳，随着身体的东摇西晃，害得我差点叫出声来。这也让我实地领略了澳门交通的另一面，因为不少街市和民居搭建在山上，使得车辆常常在逼仄、险象环生的山道上穿梭。这对那些菜鸟新手也许无异于冒险，而眼前的中巴司机显然训练有素，将中巴驾驶得倍儿熟练，如履平地。

中巴在暮色中疾行，蓦地一幕熟悉的场景映入眼帘，这不正是我常常徒步行走上下的那座山坡吗？果然，中巴下坡拐了一个弯，就看见我入住的那座酒店在夜色里发着柔和的光。中巴在一块站牌下猛然停下，我仿佛回到家门前一般，心中的石头落了地。

在城市的上空盘旋

夏夜，我常常会从蒸笼似的斗室，来到阳台上。阳台不大，但在这里仰望，却有一方朗朗的天横在眼前，比白日里的更显疏朗和开阔，且总有薄薄的云缓缓飘过；如果留意，更远处还亮着一两颗稀疏的星。有几个晚上，我甚至接连看见了一大团神秘的光亮，在远处缓缓移动，径直朝我飞来。我视力不济，屋里又没有置备望远镜，发现这缓缓移动的光团，往往不能看个究竟，模模糊糊，只觉得它像一只硕大的灯笼在飘浮。这当然不可能是传说中的不明飞行物，我只能断定它是一架夜行飞机了。

眼下我所在的这座城市正飞速扩张着，与之相匹配的机场也有相当规模了，且距我的住处也不遥远。想必这夜行的飞机该是机场的某一趟航班，也可能是一天里最后的航班。我想象在经过长时间的高空飞行之后，它正满载着四处飘零的人们，回到这座城市的怀抱，在掠过我的头顶的时候，也意味着它漫长旅行的终结。就像鸟儿收拢自己的翅膀，即将飞回栖息的巢里。

我也有过独自夜航的经历。长时间蜷曲在几千米高空的那个巨大旅行箱里，伴随着自己的，除了黯淡的灯光，便是如同睡眠一起袭来的寂寞了。但是，一段长长的时间过后，在终于飞抵自己栖居的这座城市的上空，往往我的神志为之一振，透过狭小的舷窗，看到机身下那一簇簇连成一片明明灭灭的灯火，我会想象其中有一簇灯火在为我点燃，而后我会想起我和这座城市有关的细枝末节，这时一种温暖和亲切的情绪便会在胸间蔓延。虽然我与这座城市分别只有短短的时光，可这一刻的我，却仿佛暌违已久。

然而，更多的时候，我是在地上，在城市的腹地穿梭，我久已没有那种在夜空飞行的体验和心境了，以致许多个夜晚，我只有在狭小的阳台上驻足打量夜色里迷离的城市。我不否认，这个城市在我的眼中有时会变得模糊和陌生，我对这个城市的感觉就像一首歌里所唱的，总是忽远又忽近，我终究无法真正走进她的内心。可是，此刻，当一架夜行飞机伴着巨大的轰鸣，飞入我的视野并徐徐掠过头顶，我愿意攀上它硕大的机身，在城市的上空久久盘旋，我愿意透过它狭小的舷窗，将夜色里熠熠闪亮的城市细细打量，而后我会怀着一个归人的心境，在这座城市的怀抱里悄悄降落。

锦江雷雨夜

来到成都的几天里，夜幕下常在锦江边散步，看到沿河一字儿摆放着桌椅，三三两两的人聚在一处手执清茶大摆龙门阵，便极是羡慕，且不管成都人生活的其他，单是如此安逸的夜生活，就叫人感觉成都人的幸福指数飙升了许多。

临别成都的前夜，饭罢，从三槐树街走出，当成都朋友贵哥征求还想去哪里逛逛时，我和程远夫妇都一致表示想去锦江边喝茶。贵哥欣然应允。在我看来，如同去了巴黎必在花都街头喝一杯咖啡，上了庐山必去看一场《庐山恋》，来了成都也该像成都人那样在锦江边与三五知己坐下静静喝杯清茶，这大概才是体验成都人生活方式的最直接的途径。

跟着贵哥穿过喧闹的马路，很快就到了锦江边。在这里南河与府河还未汇合，小路贴着南河边向猛追湾延伸，掩映在幽静而茂密的树丛一侧。贵哥迈开大步，径直走在前面，待追了上去，发现他已在招呼老板张罗桌椅了。贵哥解释这里与别处不同，不但邻近河岸，且与我们所住宾馆不远。正感叹于贵哥的细心，茶馆老板已闻声赶来。老板是一精瘦男子，他的茶室设在对面老房子里。沿街搭建的老房子叠床架屋都被劈做了一间间茶室，与堤岸人行道隔一条僻静的小马路，据说白日里城管并不允许在这里摆放桌椅，入夜八时后便默许了。于是来了客人，这些茶室的空间便可以穿过马路，直接延伸到河边了。

老板搬来桌椅让我们坐下，问喝什么茶，大家各自要了竹叶青和毛峰，我点了碧潭飘雪。还在多年前，我初次来蓉，便知晓这是成都人茶馆里的至爱，竹叶青和茉莉花两种极为普通的茶叶撮合，却取了“碧潭飘雪”这极富禅意的名字。老板朗声一句：竹叶青带花，转身间已在我们各自的茶杯里放好茶叶，丢下一只大肚囊的老式水瓶，便去忙活了——不是去张罗别的客人，也非做什么生意的筹划，而是与他的同伴在茶室里延续刚才的小麻将——这便是成都人，在日常生活中总能腾挪身体，展现安逸和从容的一面。

高大的银杏树的叶子轻轻摇曳，脚下的锦江兀自闪着粼粼波光，悄悄流向幽暗的夜色深处。河对岸是一条街市，与我们仅隔窄窄河水，被树影和夜色过滤，于是明明灭灭的灯火和飞驰而过的车流便遥远而缥缈。我们有一搭无一搭地摆着龙门阵，从多年前的一次相聚，到彼此相熟的朋友，乃至天下大事宇宙外星人，话题无所不包，却无关利益和算计，我们用老式的大肚子开水壶续着一杯杯茶水和话题，时间也仿佛浸泡在带花的茶水里，荡漾出缕缕清香。

“下雨了。”程远夫人一声惊叫。真的，手伸到空中，一滴，又是一滴，渐渐雨珠密集起来。久居成都的贵哥解释，成都的雨就是这样，夜里出现，白天消失。这正是杜工部描绘锦官城“随风潜入夜，润物细无声”的绝佳注解。我们都纷纷说有一把大伞撑在头顶就好了，我暗想这该是奢望，贵哥却隔着树丛和马路，朝灯火通明的茶房用四川方言高声喊道：“老板，有没得伞？”老板马上就被“喊”了出来：“有得！等下。”果然他这里应有尽有。不一会儿，他回身抱来一把大伞，是那种杂货店门前常见的大型遮阳伞。把伞放在我们身边，老板转身回来却犯起愁来，那块“撑”伞的大石头居然不见了，他像在告诉我们，又像在自言自语：“天天都在的，怎么就不见了？”旋即又回身四下里找去了。这时程远夫人把伞揽在怀中，大义凛然道：“找不着石头，我来举着吧，反正我也没什么事。”大家纷纷说，那怎么行？又不是举一下，看不把你压垮了。我心下焦急，怕雨将我们的聚会搅散，便起身借着远处的灯光，也在石椅旁树丛里找起来，哪里会有？回来却见老板已神奇般不知从何处搬来了石头，石头中间有一孔，正好将伞“杵”了进去。

张开的伞撑在我们的头顶，雨开始下得汪洋恣肆，打在伞面，絮絮叨叨，仿佛也加入了我们的交谈。然而这雨也如成都人一般，性子是闲散的，很快就变得缓慢下来。说话间，一道无声的闪电，瞬间将世界照亮，抬头看夜空极高处的云层仿佛通上了电流，闪了几下。蓦地雷声炸裂，许是经过刚才的铺垫，那声响已不再犹豫，径直摔了下来。印象中，这该是我今年听到的第一声惊雷，这也意味着季节在这座城市的彻底翻转。随着刚才的惊雷开了头，雷鸣断断续续，开始不间断地从头顶隆隆滚过。于是这个春夜，我们在锦江边的寻常晤面，不但荡漾着淡淡的茶之馨香，还与天上的雷电交相辉映。

寻常的朋友聚会，总不免有莫名的伤感，所谓见一次少一次，而我们正好相反，却是见一次多一次，我们几人彼此相隔千里，本不会见面，贵哥微信上一句今年假期我不外出，来吧。我真的就不知轻重地来了，还怂恿了远在东北的程远夫妇。于是我们便有了这平生的再度重逢。人们总爱说一切随缘，但我以为，机缘恐怕也要推波助澜、草船借箭，假如不是贵哥制造了机会，天知道，我们的这次见面会是何年何月。

“差不多了。”不知什么时候，老板悄悄来到我们身边，仿佛在下逐客令。要打烊了，他已结束了方城大战，对面的茶楼早已人去楼空。但在我看来，他也在委婉地提醒我们，时间已晚，早点休息。抬腕看表，已过午夜，也真的该走了，我们于是纷纷起身。这时，雨又大了，吧嗒吧嗒的雨点，摔了下来，仿佛在留住我们，留住这一时刻。

眺望的房子

我和他约好在旺角朗豪坊见面。

他是一位香港诗人，也是我的朋友，偶尔赴港，我不免要惊动他。

我们要去观塘。本来从旺角搭乘地铁颇为便捷，不知为何他竟带我改乘中巴。我说出了我的疑惑。

“你这个大人物来访香港，熟悉了西九龙，也该看看东九龙。”他用不怎么流利的普通话说。

“大人物”是他对我这个小人物的戏称，我们之间，常常以这种方式相互戏谑。

中巴一路疾驶。窗外掠过一个个巍峨的楼群，也掠过一个个陌生的地名。终于在绕过一座山岭后，我们在蓝田下车。忽然他改变主意，提出去他的寓所坐坐。从这里搭地铁也算顺路，我当然不好拒绝。

在去地铁站的路上，忽然看见一个硕大无朋的肥仔，从人群中巍巍然夺路而来。我从未见过如此伟岸的肥仔，如一座缓缓移动的大山。这肥仔若长居于此，一定可以成为此处的地标。以后我若前来拜访诗人的寓所，在此只消远远看见他岿然屹立的身躯，就必定不会迷路了。

尽管无数次来港，将军澳我还是首次造访。从车站出来，将军澳这个新开发的社区，虽和香港别处一样人潮涌动，却呈现出难得的安静和疏朗。

我跟着他，穿过叮当作响的斑马线，走向一座叫君傲湾的大厦。

用智能卡开门，穿过长长的走廊，再接受穿制服的女管理员的盘问，方可坐上电梯。我说，拜见特首，恐怕也无须如此烦琐和复杂。

他住在9楼。当他掏出钥匙，打开其中的一间，我不免吃了一惊。虽然对香港寸土寸金的居住空间早有所闻，但落实到眼前这个典型的中产阶级身上，仍然出乎我的想象。就像是列车车厢的一节，或是一间小屋被劈成的一半，面前的空间，形成一个长条形，站了两个人，已显逼仄和局促。靠里面是一个双人沙发，对面是一个电视柜，门口则立着一个书柜，整齐地摆满了书。这已是这个空间里最大限度的利用和布局了。

“没有你住得宽敞。”他打趣道。可是我知道如果栖身香港，我恐怕连一间小小的洗手间也供不起。

其实房间里最吸引人的还是他养的那只小花猫，我们一进来，它就迫不及待地迎了上来。我“久仰”这只小花猫，我曾无数次听他谈起，每逢外出他总要先为它准备充足的猫粮。一旦外出久了，来不及赶回，他就十分焦急，赶忙让他的妹妹，穿越大半个城，专程前来照顾。

我还没见过如此顽皮的猫，它瘦骨嶙峋，有着尖尖的耳朵，长长的脖子，敏捷得如同一头小豹。它一点也不惧生，我想逗一逗它，它不是扬起爪子向我示威，就是扑过来轻轻咬我的手指。它还一次次将大半个脑袋伸向我放在门口的袋子……

房间虽小，却五脏俱全，卧室、厨房、洗手间一样都不少。他打开了厨房的门，里面密密麻麻堆放着各种瓶子。“我从不开伙。”他递了一杯热茶在我手上，语气中透着落寞。

和众多的现代人一样，这些年他的感情之路也一直走得跌跌撞撞，就像一部跌宕起伏的港产电视剧，他先是和共同生活了三十多年的结发妻子仳离，又与一位女诗人走在一起。我们都熟识这位女诗人，她衣着入时，身材颀长，常常与他一同过境，双双出现在各种场合。没有想到，就是这样一位和他如此登对的女诗人最终还是分道扬镳。在结束了一阵二人生活后，他又恢复了单身，回到了旧有的生活轨道。

这些年，始终未曾与他仳离的是缪斯女神。纵观他多年的写诗生涯，他的诗风其实一直未曾大变，但那些感伤、柔软、敏感的诗句仍然时时从他的心底涌出。

“熟悉的车站总有吹冷的身影。”这是我喜欢的他众多诗作中的句子，也是他为某个咖啡馆作的诗，难说这不是他生动传神的自况。也许诗人注定是孤独的，在这间小小的居所写完一首诗，或者还未及孵化出一个梦，他又会出发，奔向车站。车站里，与一个个陌生而又模糊的身影擦肩而过，也难说不会陷入更大的孤寂之中。

然而，他又是乐观的，他生性中总有某种乐天知命的成分。什么时候，我看见小花猫已经躺在了他的臂弯，这一刻，小花猫很温柔，他也很温柔。

“到阳台看看吧。”阳台狭小，却有极广阔的视野。从这里可以鸟瞰广角的将军澳全景。然而，煞风景的是，一幢拔地而起的高楼，如凌空降下的飞来峰，挡住了视线。

“不过，”我打趣道，“你可以更加近距离地观察香港的世态百相了。如果有一个望远镜，观察就更加细致了。”

“我要买那种高倍的，”从阳台上可以看见一侧人家的厨房，一个主妇正在忙碌。他赶忙声明，“不过，一定要放里面一点。”他就是这样，血液里总是流淌着某种达观、幽默的因子。

很快，我们还要赶去北角与他的一位朋友共进晚餐。临走，他送了我一本精致的新世界译本的《圣经》，黑漆软皮的封面和书脊上，分别被他贴上了俏皮的卡通人物，其中一个还握着长长的单筒望远镜。

台北，偏偏遇见雨

关于台北，未来之前，我就想象这是一座多雨之城，与雨总是有着千丝万缕，剪不断理还乱的联系。这自然是那些台湾校园歌曲催化的结果，几乎无须搜肠刮肚，我马上就会脱口唱出《小雨里的漫步》《三月里的小雨》《小雨来得正是时候》，对了，还有孟庭苇的那首《冬季到台北来看雨》。

不过眼下不是冬季，也非春意萌动的三月，而是酷暑逼人的盛夏，我们偏偏来到了台北。刚刚落地的第一夜，就去新北拜访台湾女诗人紫鹃。见了面她慷慨地请我们在她家附近餐馆吃了颇具特色的日式炒面，饭罢还叫了计程车执意要陪我们夜游台北。数年前，在岭南某地我与紫鹃有过一面之缘，那时的她，眉头紧锁郁郁寡欢，似有许多心事。如今她新交了男友，并热衷于拍摄椅子系列，人已开朗许多，一扫往日阴霾。新北与台北毗邻，穿过灯火灿灿的街区，紫鹃叫司机径直将计程车开到了艋舺剥皮寮老街。

剥皮寮的名字初听甚是古怪吓人，以为是过往年代一处行刑之地，原来大谬，一种较为可靠的说法是，这里原为清代淡水河上游木材集散地，福州的杉材运抵后，在此剥皮，因而得名。如今这里保留下来被辟为专供游览的历史街区。可惜我们来时已晚，街区早已打烊，游人寥寥。晦暗的光线里，依稀辨认出小面摊、老式理发店、旧招牌以及老电影《黄昏里的故乡》的巨幅海报。从剥皮寮出来，紫鹃又带我们游龙山寺。龙山寺距剥皮寮一步之遥。这里倒是人声鼎沸，香火缭绕。寺内供奉观世音菩萨，并祀奉妈祖、四海龙王、十八罗汉、城隍爷、注生娘娘、山神、土地公，甚至还有月老，因此被称为众神的聚集地。我们在月老的浮雕前驻足，紫鹃笑言："还不拜拜月老！"我们面面相觑，报以无奈的笑。

不知不觉，雨丝已在寺内飘飞，因寺内有屋檐和建筑物遮挡，起初我们并未在意，及至出来，雨已变得颇具阵势。这时好客的紫鹃并未准备终止行程，还要带我们去附近的华西街夜市转转。她取出一把细花伞打开，非要让我们躲到她的伞下来，我们三个大男人怎好意思与她共伞，还不如让雨淋着畅快。

过马路，等红灯，可以看见对面的霓虹街市被雨渲染得氤氤氲氲。一辆驶来的轿车通过，我忽然发现台北的小雨似乎也保持着应有的风度。

到了灯火通明的华西街，雨不见停歇，反而愈加肆无忌惮，走过一家家挤挤挨挨的店铺，紫鹃还是要为我们买伞，她威胁道："台北的雨可不是说停就停的。"饶是如此，还是拒绝了她的美意。其实华西街多为串联起来的骑楼，走在下面，任雨下得稀里哗啦，也无淋湿之虞。

说话间，又拐进了青草巷。这是台北有名的草药巷，巷内藏有一家家传统药铺，门口则摆着一堆堆叫不出名字的草药，店家除了售卖青草药，还凭着口耳相传的老经验，帮顾客调配清凉退火的草药。一袋袋草药在眼前迭现，来不及细辨，只觉药香缭绕，一时人也变得神清气爽。

走出深巷，来到街上，见一家冰果店里人声鼎沸、灯火通明，紫鹃又要请吃冰果。她说这是台北的古早味，来了不该错过。拣了店前骑楼下一处桌前坐下，我们点了各自想吃的东西，及至送来，才发现他们每人面前只有一杯杧果汁，唯我不明就里要了一大盘红豆杧果牛奶冰，层层叠叠有如宝塔矗立面前，两个男人不怀好意地吃吃笑着，称我是大胃王，其实我实在是难以拂了紫鹃的好意。紫鹃宽厚地说，别处不一定吃得到。不过，吃下这一大盘红豆杧果牛奶冰，也着实费了我一番力气。

夜色渐浓，华西街上，游人始终不肯散去，依旧来来往往。也许是刚从冰果店出来，只觉空气里湿漉漉的，仿佛白日里的溽暑已被融化，而笼罩在夜色里的街市，雨雾和霓虹的光影交相辉映，在我眼里也仿佛调和成了巨型的红豆杧果牛奶冰。

走在马路边，终于到了与紫鹃告别的时候，她将搭计程车回家，我们则去马路对面搭捷运去西门町的酒店。雨，依旧不慌不忙地下着，根本没有停下的预兆。正如紫鹃所说，台北的雨，不是说停就停的。

骤雨扑向吊桥

从捷运新店站出来，恍若穿越到了旧日时光。面前的色彩渐渐褪去，路上行人的步调也明显缓慢许多，有着不属于这个时代的节奏。

跟着前面大步流星的梁，我们一点也慢不下来，他若干年前毕业于台湾大学，如今定居香江，却三天两头跑来台湾，这次做了我和李第一次赴台的向导，来新店便是他的主意。一出车站，来不及细细打量，心急的他就要将我们引向碧潭吊桥。

其实碧潭吊桥根本无须向导，作为新店独一无二的地标，出了车站就可远远看到一座长长的吊桥，以电影特写般的视角悬在半空，吊桥下，湍急的新店溪汤汤流过。

新店溪上也非仅此一座始建于1937年的老式吊桥，另外还架着两座分别建于20世纪50年代的水泥桥和90年代的大拱桥，自然这两座新桥运载的都是现代化的交通工具，而吊桥上依然属于回忆和旧有的生活方式，供人们徒步或者踩单车。

我相信吊桥的另一头一定系着更悠远的时光。事实上，走上吊桥，无论是推着单车的，还是来来去去的行人，都有着悠然自得、不疾不徐的神态。这里甚少游客，我们三个照例是相机背包一身行装，就这样突兀地闯入宛若老照片的画面里。

不妙的是乌云在头顶盘旋，不消多时，雨脚几乎擦着对面白亮亮的青山俯冲下来。不容多想，我们加快了步伐。

到了吊桥那端，是老旧的街市，因为阴霾笼罩，变得愈加晦暗，我毫不怀疑雨在一路尾随我们，未及在街头细细打量，雨已不由分说落下，于是我们赶忙钻进马路对面的小吃店。此刻正是下午三四点的光景，似乎来时刚刚吃过午餐，委实未有一丝饥饿之感。但也不好意思进去纯为躲雨，于是点了面条水饺豆浆。享受完这餐小食，隔着小吃店窗玻璃，见到雨势渐渐小了，我们赶忙走了出来。

即使对台湾道路一向自信满满的梁，也不知在新店还有哪里值得一游了，向小吃店的阿姨打听，她们也说不出所以然，说只有一个菜市场。要么去坪林吧，她建议。

于是我们马上决计前往，但要返回捷运站附近搭乘大巴。谢过小吃店阿姨，我们便往吊桥走去。

不想刚刚走上吊桥，雨又来了。这雨终究无法摆脱。想起初来台湾的头天晚上，就很是领受了一番雨水的洗刷。作陪我们夜游的一位台湾女诗人不忘警告我们：台北的雨，不是说停就停的。于是隔日在西门町街头遇见卖伞的摊位，架不住梁在一旁怂恿，花200元新台币买了一把，卖伞的男生再三保证，伞骨防风，绝对不断。因此前断过几把，当时半信半疑。果然这把新买的伞此刻刚一打开，经不住吊桥上风夹雨的一阵扫射，马上就断了一截。于是举着这把散架的伞我几乎颤巍巍地走在吊桥上。

一阵风一阵雨，驱赶着行人。吊桥上已变得水汽弥漫氤氲氤氲，一阵清脆爽朗的笑声忽然隔空传来。吊桥上，三个女生，边走着边掏出手机互拍嬉闹，根本不顾一天纷纷扬扬的雨此刻正如箭矢般落下。一问，原来她们是国中的学生，刚下课正在归家的路上。看见她们全身都被雨水浇透，紧贴面颊的一头发丝也不住滴着水珠。忙问，怎么不打伞？一个大眼睛女生说她们有两把伞，因为其中一个女生没带，她们索性都不打伞了。我刚想把自己的伞借给她们，大眼睛女生仿佛为了向我宣示似的，突然张开双臂，仰起头，迎向雨天，似乎要将一天纷纷扬扬的雨揽入怀抱。另两个女生举起手机，似在为她助阵拍照。看到她们的举动，我一时呆立着，想将眼前的画面定格于脑海。三个女生，完全复刻了侯孝贤某部国语片里的镜头。也许青春就是如此肆意妄为无所畏惧。

雨势更大了，待我下了吊桥，同伴梁和李早已躲在吊桥对面人家的屋檐下。雨水一时下得翻江倒海，整条街道也变得异常安静。我们站立在一家挂着的“张阿姨腊肠”的招牌下，身旁守着腊肠摊位的也许正是张阿姨，见我们不光顾她的腊肠，也不搭理我们，只是静静地看雨，我们也静静地看雨。

雨一气下了十多分钟，才终于住了。也许雨脚赶到这里，尽情宣泄了一番，又匆匆赶往别处了。三三两两的四处躲雨的行人开始走动起来，眼前的一切瞬间纷纷活了过来。

就在我们刚要起身之际，忽然看见马路对面，那三个邂逅的国中女生带着一身雨意，依次从吊桥上款款下来，走过桥头边三三两两的店铺，渐渐消失在了涌动的人群中。

世界如此大

我在深圳居住多年，不可避免地结交了许多朋友。但这是一座移民城市，一切时时刻刻处于急速流动中，每隔数年，便有不少朋友四散而去，正好应了那句话：铁打的营盘流水的兵。这其中有一些去了外地，还有一些虽道不同不相为谋，彼此倒也知其下落。唯独墨先生是个例外，他如一条墨鱼，潜入茫茫人海，再也无从寻觅了。

认识墨先生时，是十多年前，一个产品发布会上，人群中他晃着硕大的脑袋，移动厚实的身板朝我踱了过来，当知晓我在一家报社供职，他操着一口地道的京腔，称自己是写诗的，说着从口袋里摸出个与其魁伟的身躯极不匹配的小本子："全是我写的。"

我接过粗粗翻看，如同他身板一般方正的字迹，皆是五言绝句，不过都不怎么讲平仄韵律，算是打油诗也许更为恰当。我当然不好直说，他则如遇见知音般不停向我倾诉："你在报社工作，应该呼吁大家重视对中国传统文化的传承，多写格律诗。"我哭笑不得，我算老几，有何能耐去"呼吁"和"倡导"，不过也不想使他扫兴，只好笑笑。

再见墨先生时，他刚游完世界之窗，写出了得意之作，一见面便急不可耐地朗诵起来：“世界如此大，尽在两腿间。”我牢牢记住了这仅有两句的诗。我承认此前读过许多人写世界之窗的诗，都不如这两句来得传神、直截了当。

也许因为我供职于报社，吃文字饭，与他有共同的喜好，墨先生对我热情有加，隔三岔五便打来电话，约我见面，谈及他时不时冒出来的种种稀奇古怪的诗句和想法，到了吃饭时间，也不忘拉我上茶餐厅小酌。那时初到这座陌生的城市闯荡，我朋友少，工资待遇偏低，却无须坐班，有的是时间大肆挥霍。我就与墨先生常常厮混，俨然成了形影不离的忘年交。

墨先生年长我许多，又来自皇城根下，却不摆谱。我年轻气盛，有时不免言语冲撞，他也从不计较，往往大人大量，一笑了之。不管怎么说，一段时间下来，我已将墨先生视为无话不说的朋友。年轻人似乎与年长者走不到一块，我们却是例外。

有时外面跑累了，我就去他的住处小坐。他在罗湖闹市的一幢十多层小楼租了套三居室，足有100多平方米。他独自占据偌大的空间，也从不见他干什么正经事，整天东游西逛，如果要说他现在的角色，恐怕算是寓公较为确切。但他跑来这个城市做什么？又靠什么维持不小的生活开支？在我都是一个谜。但我从不打听，身在这座移民城市的人大都如此，人与人之间往往保持适度的距离，也彼此拥有各自的空间，涉及个人隐私，如果别人不主动透露，那一定是不方便或者不想让你知晓，当然你也无须知晓。

不得不佩服墨先生，公关能力堪称一流，我敢说常常东游西逛的他，只要在展览会、促销会这些场合一站，不消几分钟，那些素不相识的人们就会聚拢，将他团团围住，这时的墨先生就像一个演讲师，口若悬河，尽显北京侃爷本色。

我们认识不久，墨先生就给我带来了福利。一次展销会上，他认识了远在苏北的一家企业老总，经他一通神侃，竟使这位老总大为折服，恨不能马上聘请墨先生做他们企业的顾问，并慷慨地邀请他远赴苏北共谋企业发展大计，并承诺隆重接待，往返路费全包。墨先生真够义气，他首先想到了我，告知这位企业老总，还有一位记者朋友同行，负责采访报道，企业老总慨然应允。不久我就随墨先生展开了这次远行。来到苏北，这家企业极度重视，高规格接待，全方位服务，每天都设宴款待，还派专人陪同前往郑板桥、施耐庵这些名人的故居及景区参观访问。因为我纯粹抱着来玩的目的，后来仅为这家企业写了一篇不长的报道，算是虚应差事。墨先生则完全不能算是“到此一游”，那时候企业对产品大都缺乏包装意识，墨先生却对这家企业的产品从销路到包装宣传都提出了一些极具启发性的建议。短短几日，不但企业的几位负责人大为折服，就连我也禁不住对他肃然起敬。

那段时间墨先生忽然心血来潮，开始热衷于传销。那时传销尚属合法公开，到处都有这样的组织和人群，就在这次旅行的返回途中，我们还顺道去了我以前工作生活的江南某城。我知道墨先生起意要来，虽是为访问我曾工作生活过的地方，其实还有一个目的，就是冲着我的朋友来发展他的下线。果不其然，其间在一个多年未见的朋友家中吃饭，眼看陆续来了不少朋友，墨先生自然不愿放过这个绝佳机会，他尽情发挥其侃爷本色高谈阔论。朋友们因与墨先生初次见面，也都是初次听闻传销这种游戏，尚觉新鲜，也就愿闻其详。墨先生滔滔不绝一气讲了近一个小时，饭菜早已上桌，眼看凉了，被墨先生一通神侃，朋友们一个个饥肠辘辘晕晕乎乎，墨先生却还没有想要停下的意思，当有人暗示他讲得太久，该吃饭了，墨先生竟说，他刚开了头呢。那次洗脑的效果可想而知。

其实，墨先生最想发展的下线还是我，想想看，连自己最要好的朋友都没有说服，这是多么讽刺。他屡屡游说我入伙，都被我一口回绝，倒不是我有什么觉悟和先见之明，炼就了火眼金睛，能够识破传销的欺骗本质，实在是因为我生性懒惰，不愿费力到处求爷爷告奶奶去发展下线。见我一直不为所动，墨先生急了，一次撂下狠话，本金他也替我出了，只要我肯“下海”。墨先生其实是看中了我的人脉，他真是高估了我，我哪里有什么人脉，的确，由于职业关系，我接触面广，三教九流都认识一些，不过那都是一次性的，或者说纯属工作关系，认识了也少有接触。后来他撂下一句“我从没有见过像你这么固执的人”，算是对我彻底死心。

在这座陌生的城市，大家同为异乡人，都在急吼吼地各忙各的，我和墨先生一晃也很久不见了。一个闷热的午后，我敲响了墨先生公寓的门，开门的居然是一位年轻女子。她懒洋洋无精打采，我问墨先生在吗？她回答出去了。然后她问我是谁，等墨先生回来她转告。我同样想问她是谁，又觉得唐突，便忍住了。忽然想起墨先生不久前告知以后他可能不会有多少时间与我见面了，因为他的女友要来。当时我没有在意，以为他不过随便说说。不想这么快他的女友就杀到了。也不曾料到他的这位女友会如此年轻，几乎与我同龄，也就是说她比墨先生足足小了一轮还不止。虽然他的这位女友的容貌远远谈不上惊艳，但以墨先生如此年纪，能追到手，也足见他的能耐了。

晚上墨先生打来电话，解释她的女友纯是突然袭击，连他都没通知，就直接从北京空降来了。他再三强调以后与我见面时间将会减少，望我能够体谅。

我说过我从不去主动打听过问墨先生的身世和过去，他怎么会突然冒出个小女友？他们中间又经历了怎样的迂回和曲折才走到了一起？这些对我都是谜。

以后我与墨先生果真见面少了，即使难得一见，也是他们双双出现，或者墨先生偷偷跑出来，坐不多久，像屁股上装了弹簧般马上就会离开。我理解墨先生，他长期孤身一人，终于小女友来了，还不好好陪陪。墨先生却苦笑："实在是她管得紧。"末了他还解释，"她年纪小，只能让着她，她家里都反对我俩在一起，最后她什么都抛弃了跟着我，不容易！"说到这里，墨先生就此打住，我也不好细问下去。

又是好久不见墨先生了，再次见面是在他罗湖闹市区的公寓里。是他主动约我。奇怪的是只有他一人，我问他的女友去了哪里，他回答回北京了。她有事先回去一趟。他并没有解释说是什么事，印象里她这个女友来了也没多久呀。于是我不识趣地幽了一默："恭喜这下重获自由了！"我这样说其实也是一种自私，我想墨先生一旦有了自由身，又可以和我常常结伴了。

不料墨先生告诉我，可能他很快就要去上海了。我对他的"突然决定"大吃一惊，他轻描淡写地摆摆手，他离开这里是因为身份证被公开了。

"前几年我替许多街坊邻居炒股，有150万，都亏了，他们追着我要，我一时还不上，只好躲起来。前两天这里停电，我和女友就去宾馆开房，不小心竟将身份证公开了。我就不好再待下去了。”墨先生解释本来他不愿告诉我，但既然说到这里了，他也就不隐瞒了。

我忽然想到，与墨先生认识这么久，我的确从没见他亮出过身份证，那次去苏北也是邀请方在宾馆开好了房，根本无须我们自己登记。也许他的女友也与此有关，此外，莫非他的名字都存疑。我不敢再想下去了……

这次见面竟是我们的饯别，我再度有了他的消息，他已人在上海，在一封来信中他告诉我他一切都好，还在写诗，并与南方某大报驻上海记者站的负责人建立了联系，那位负责人是位颇有知名度的诗人。他还告知他继续在做传销，并且“接管”了当时我在江南某城的那帮朋友。事后我的确通过远在江南的朋友处证实他们往来密切。但墨先生住在上海哪里，滞留多久，他只字未提。

我们就这样不间断地通过书信保持着往来，生性疏懒的我往往也不及时回复，但他还是时不时给我来信。在最后的那封信里，他除了向我披露一些近况外，还留了他的手机号。那时候手机刚刚开始进入人们的生活，墨先生就用上了。似乎在生活的许多方面，他都会先行一步。

我想有了他的手机号，也就再也不会失联了，懒惰的我，长久也没有给他打过一次电话。大约数月过后，不见他的音信，于是找出那封信，按照上面的手机号，打了过去。我期待那久违的总是夹杂着爽朗笑声的京腔，不料却是一个低沉而陌生的男子的声音，我说找墨先生，他回答说打错了。

我不甘心，又将墨先生那封信中的号码报了一遍，手机里的男子坚定地回答，号码没错，但不是墨先生的。

联想到墨先生一贯的谨慎小心，手机那端的男子也许是他的朋友，不愿透露墨先生的行踪，并保持足够的警觉，也是可以理解的。于是我报上我的名字，在哪里工作，并再三强调与墨先生的交情。有一瞬间，手机那头的男子沉默了，似乎动心了，但最终还是果断回答，不认识什么墨先生，这真是他自己的号码。

挂掉电话，我意识到从此以后我恐怕再也无法与墨先生联系上了。此后，我也曾向江南某城的朋友们打探过墨先生的下落，皆无音信。

许多年过去，我结识了许多新的朋友，打过照面者更是犹如过江之鲫，但我常常想起墨先生，想起他那精练而直白的诗句："世界如此大，尽在两腿间。"这诗句仿佛是他闯荡世界的写照。还有他时不时从口中蹦出的那句响亮的京腔："嗨！那都不是事儿！"

你看你看还有流星呢

不是什么人的宅第都能称为“府”，但在我看来，业康的家怎么都算得上“府”。实际上，不管承认不承认，他的家，也就是他的那幢豪华别墅的大门前，都早已挂上了写有“李府”的金属牌，虽然不是题写在斗大的金匾之上，但那不经意镌刻的两个小字，却也透露出主人低调的奢华。

李府位于粤东博罗县的一个高档小区内，此前他住在深圳龙华居民区的一套住宅内，却举家直接从繁华的都市搬迁到了粤东这个多少有些寂寥的小城。早在数年前，我就屡屡听他提及在惠州买了别墅，正在装修，却不想装修一直持续了数年之久。我猜想他一定是按宫殿的标准来装潢的，当他漫不经心地告诉我装修费共花了一千万元，还是让我小小的心脏短暂停跳了一拍。

盛夏的一天，在他们刚刚搬去不久，承蒙盛情，我坐上他的大奔，从深圳市区径直开往位于博罗县城的一座幽静的别墅。别墅区内环境优雅，一幢幢独立洋房掩映于枝叶繁茂的树木之中。李府是西区的其中一幢，门前有一棵从别处移植的高大的凤凰树，耀眼的红叶在午后的阳光下灼灼闪亮。踏上几级台阶，业康在门口胡乱找了一双拖鞋让我换上，随后我就入内，与他热情的妻子打过招呼，就随他在这个巨大宛若迷宫般的别墅内探险。

我一向冥顽不灵，疏于看楼，也就无法看出个所以然。在我眼中，就是一座宫殿而已。楼分四层，共有一千平方米，装修风格中西兼备，各种设施一应俱全，计有书房、酒窖、游戏房、泳池、家庭影院，似乎是能想到的都有了。并且上下两层都有巨大的客厅，主客厅巴洛克风格，被巨大的罗马柱环绕，而下层的客厅则是中国古典风，巨大的墙壁镶嵌着石块，镂刻着一首豪放风格的古典诗词。

整个下午，跟在他的身后，我都是懵懵懂懂，看到他的裤带上别着的一长串钥匙叮当作响，于是便戏谑："这么广阔的空间，平日就你们夫妻二人，一转眼就会彼此找不着人了，索性你们都别上个对讲机，时不时呼叫一下。"李府是一个四口之家，除他夫妻二人，还育有一儿一女，但儿子前年去了美国留学，女儿则在香港出生，拥有香港永久居民身份证，曾去香港上水上过幼稚园，但辗转两地，颇觉不便，待上小学时索性回深圳进了一家贵族学校，平日就是他们的二人世界。因为李夫人不喜欢有保姆整天在身边碍手碍脚，他们只请了钟点工来打理这座偌大的别墅。

对于我的戏言，业康以哈哈大笑回应。

在楼下转悠时，业康抚摸着厚厚的落地窗，说这是防弹玻璃的。这面玻璃就耗资几十万元，这也促使装修费节节攀升高居不下。想起电影里都是大人物才会使用防弹玻璃之类的保护设施，我不由得对着这面防弹玻璃门细细摩挲了一番。

防弹玻璃外则是一块空地，边缘处有一条小河，悄无声息地蜿蜒流过。他说依山傍水正是当初他看中此处的主因。我知道他一向热衷于风水的研究，顺着他手指的方向看去，这块散落在小城边缘的地带，的确不远处一脉青山依稀可辨。

随后我们还去他的放映室短暂停留。两三张沙发，面对着一张悬挂着的巨大幕布。他拉开一侧的开关，灯光瞬间亮了，一方幽蓝的天幕挂在头顶，无数灯光制造的星星在闪烁旋转，他突然孩子般地眼睛一亮：“你看你看！还有流星呢。”我抬起头，的确不时有一颗流星在星群间飞快划过。这一瞬间，我也被感染了，眼前的业康，这个别墅的主人，在这个他一手打造的王国里，俨然为自己制造了触手可及的梦幻。

更大的惊喜还在下面。在这巨大的迷宫里转悠了半天，最后他掏出腰间钥匙，打开了楼下一间密室紧锁的门。这是他的藏宝阁，这些年他辗转搜罗的宝贝全都秘藏于此。我看见小小的密室内，堆满各式各样的珍宝，有西汉编钟、战国虎符、明瓷，其中最抢眼的是北魏年间的金缕衣，一片片金缕经今人重新缝制，外观是簇新的。我对鉴宝一窍不通，自然难辨真伪，但这件宝物如此簇新，却不能不在内心起疑，业康似乎看出了我的疑虑，俯身从一旁的柜子里拖出一只箱子，让我看上面的文字，以证明这些文物的来历。我看见民国年间等字样。

走出这间密室，业康悄悄对我说：“你可是来过这里的第一人！”平日他的这套别墅进进出出过许多人，可对谁也没有开放过这间藏宝阁。

我对他的信任备感荣幸，同时也理解了为何他会在楼下安装耗资不菲的防弹玻璃门。

说起来我和业康认识已有数年，在这个自己为自己喝彩的时代，与城市里不少朋友相比，我们还算过从频密，不时互通电话，或者喝上一次小酒。作为我朋友当中为数不多的富翁，并不像一般印象记之类的文字所写，我是看着他一步步发起来的，不是，甫一认识他就是老板了，或者是别人眼中的某总。当然就像这个时代的许多成功者一样，他的发达之路，也同样涂抹上了传奇的色彩。

一般人对于自己的身家和资产，都会秘不示人。但他表现出了对我足够的信任，几年前的一次酒后，他偶尔向我谈及，他已有资产数千万元了，对于我这等平庸之辈，这自然无疑是个天文数字。可在他的脸上，掠过了一丝不满足。看到他整天繁忙，永远停不下来的样子。我问，究竟赚够多少才会满足，想起收手，毕竟这等家业，他们全家这辈子都应衣食无忧了。他笑着说，至少一个亿吧。好熟悉的目标，记得某某首富就曾放言，一个小目标，一个亿。

一晃多年过去，他也该早已达成目标了。他在深圳、东莞多地工业区租下厂房，然后再放租。眼下许多人都哀叹生意难做，但似乎并未波及他，他依旧忙得团团转，每周都开着他的大奔，辗转于珠三角各个城镇，不是去处理消防事宜，就是去催要欠下的租金，还有厂房衍生出的细枝末节的事情。如此繁忙，人也一天天黑瘦下去，并且他常常留着的莫西干发型也不经意间夹杂了星星点点的白发。他曾笑言要实现一亿元的目标，但我相信，这辈子他别想停下来了，无论是一个亿，还是十个亿，他跨上了一辆呼啸而去的战车，在财富路上，一任物理的惯性，唯有滚滚向前了。这就像卡夫卡说过的，从一个点出发，要想停下来是不可能的。

对了，在忙着一大摊工业区厂房的同时，他还热衷于写作。据我的观察，作为楚文化的发源地，生于楚地的不少人，都有很深的文字情结，仿佛从娘胎里就根植了文化的基因。我身边就有不少湖湘人士，无论身为企业家，或者家庭妇女，都喜好舞文弄墨，断不了这种文化情结，眼前的业康就是一个活生生的例证。写作路上，他心怀大气魄，一开始瞄准的就是被许多常年写作者视为畏途的长篇小说，短时间内就抛出一部20多万字的长篇，作为试水之作，出版后居然拿了一个市级二等奖。接着他又开始了更为浩大的写作远征，这是一部200万字的深圳三部曲，是一个青年南下闯荡深圳壮怀激烈的个人奋斗史。毫无疑问，这是带有自传性质的书。几年时间里埋头于电脑前，他患上了肩周炎，眼睛也布满血丝变得红肿。完稿后，对于这样的大部头，自然没有哪家出版社敢于贸然接收，财力雄厚的他索性联系了一家国字号出版社自费出版，但出版社还是嫌篇幅过长，要他大幅删减，小说最终以80万字面世。书出版后，在京城书博会上举办了风风光光的发布会，多家报纸刊发了消息。本市作协副主席说他将书带回家，他的夫人和孩子抢着读，反映情节吸引人，放不下来。我读了也有同感。有了这样的大部头，我曾戏谑，他是企业家里最会写文章的，是写文章里最会赚钱的。

我有好长时间不曾见他了，前不久的一个晚上，由他的一位同乡做东，我们在罗湖一家湘菜馆聚首。他带来了他的女儿，结束后要驾车回家，当晚滴酒未沾。饭罢，他要送我一程去地铁站，却将导航定位在了他博罗的家。结果夜黑一时我也没看清路面，汽车径直开往距我住地相反的方向。要回头是不可能了，我索性再访一遭李府了。

路上，坐在后排，她的女儿很快入睡了。车子到了博罗，驶进静悄悄的别墅区，夜已深。尽管他的家有的是留宿的房间，但我怕影响打扰他的家人，提出还是去入住宾馆。他同意了。安排好他的女儿，就送我去了一家他熟悉的宾馆。

翌日一早，在宾馆吃了早餐，他就来接我了。如果说我首访李府是全方位了解府邸的概况，那么这次拜访则是熟悉李总在这府邸里的生活了。一进门，他的夫人就端来矿泉水和果盘，还没坐下，他就要拉我下楼。

“你知道吗？我现在还养了鸡。”

跟着他下了楼，我果真看见原先后门的一处空地已被辟为“养鸡场”，并且用铁丝网与泳池的另一端隔开，二者不再相通。于是，这里便成为鸡群的保留地。

“大哥，大哥！”他站在台阶上大声喊起来。

原以为此“大哥”是藏身李府里的什么要角，谁知是他为鸡群中一只为首的大公鸡所取的绰号。我从台阶上往下望，一只红冠大公鸡昂首傲立于几只母鸡和小鸡旁，并不断巡视四周，俨然有着“大哥”风范。

“这只公鸡真算得上大哥，别看它现在很平静，关键时刻，只要有人或动物敢对别的母鸡和小鸡表现出不友好，它就会冲上去，奋不顾身地使劲去啄。”业康对“大哥”赞赏有加。

“大哥！大哥！”业康又大叫了几声。“你看，我叫的时候，它是听得到的。”的确，我看见“大哥”听见有人叫它的名字，真的摇晃着硕大的鸡冠，朝我们这边转过了脖颈。

李府现在总共养了十几只鸡，有几只母鸡不但天天下蛋，还担负起抚养下一代雏鸡之职。这里的空地除了供鸡群放风散步之外，还在一旁专门搭建了一间规模不小的鸡舍。喂鸡饲料，以及每天早晚将鸡群放进放出，业康干得煞有介事像模像样。我们弯腰钻进这间鸡粪和饲料味混合的鸡舍，只见业康弯腰将一只正在孵化的小鸡轻轻拿出，托在掌心，像对待一个婴儿般轻轻抚摸着。那一刻我看见他很温柔，躲在他手心的小鸡也很温柔。

一会儿，我们又走上台阶，从旁边的另一扇门里出来，来到了门前的空地上，空地下面就是那条蜿蜒的小河，在烈日和杂草丛中兀自静静流淌。业康要去捕鱼了。据他说，这段小河经过他门前的地方，正好是河道的一个小弯处，鱼游到这里就不走了，蛰伏下来。因此鱼儿特别多，而且特别大，一次能捞上一大桶，几天都吃不完，“有一次我还捕到过一条5斤重的草鱼哩。”说着，他朝我比画了一下，又朝河里指去，“你看，能看见鱼在游哩。”

业康的捕鱼利器是一只巨大的渔网，他在门口换上一双高腰雨鞋，就将那盘缠在一起的渔网抱了出来，再小心翼翼地展开。而后下到被杂草覆盖的河边，举起渔网朝河中使劲抛去。当然我也不能闲着作壁上观，赶忙走下几步，掏出手机，去捕捉这精彩的一瞬。

渔网飞了出去。业康用力将渔网拉上来，可恨里面空空如也，只有一堆杂草淤泥。他脸上难掩失望之色，归结于抛渔网时用力不够，未能抛得更远。于是他再次将缠在一起的渔网一一展开，准备再做一次尝试。

这次下到河里，他睁大了眼睛，举起渔网，并在空中做了几下预备动作，然后使出浑身解数，朝空中狠命抛去，仿佛恨不能连自己也一同抛入河里。

拖上来渔网里仍然只有草茎淤泥。我不知道是鱼儿太狡猾，不肯乖乖就范，还是鱼儿根本就没有游到这里。记得有书上说，鱼儿也是有短暂记忆的，经过这么一番来回折腾，鱼儿恐怕也会被吓跑吧。

但业康什么也不说，仿佛是为了发泄心头的不满抑或愤怒，他摔了高腰雨鞋，并将衣服脱得只剩下条短裤，不顾烈日暴晒和满河淤泥，“扑通”一声跳进水里。

在水里的他睁大了眼睛，使劲挥动手臂，并不断做出劈波斩浪的动作，似乎不把这条小河搅个天翻地覆决不罢休。一时间，混浊的河里，水声哗哗，水花四溅，一河热烘烘的阳光也仿佛被他搅动得在飞速蒸发无所遁形。看到他如此忘情，停不下来的样子，时空转换，我相信这一刻他一定忘记了眼前的一切，恍然变回当年那个在故乡的河里使劲扑腾赤裸半身的细伢子。

味蕾上的记忆

雨中的菠萝油

不止一个香港人向我推荐过菠萝油，并声称它才是港式美食的代表。菠萝油当然不会陌生，如今珠三角不少茶餐厅都能见到其踪影，也就是外皮酥软的菠萝包被横向切开，夹着一块厚切的黄油的一种食物。然而，不少香港人强调还是去香港品尝为好。他们补充道，地道的吃法，菠萝包应是热的，黄油则是冷冻的——所谓冰火菠萝油也。从他们的介绍里，我听出了其中的潜台词，我们寻常在茶餐厅和面包店里见到的那些菠萝油并不纯正和地道。

身为香港原住民的梁先生，屡屡向我承诺，一定要带我去坐落于九龙太子的一家茶餐厅，那里才能找到全港最地道的菠萝油。他这么保证，我真疑心吃菠萝油长大的他就是港产动画片里的那个菠萝油王子了。可是，数年过去，他始终未曾兑现诺言。不过以我对香港的熟知，即使没有菠萝油王子的引领，也一样可随时找到那家传说中的茶餐厅。但我宁可相信，美食也如世间的许多事物，与其相遇一样需要缘分。再说每逢在港用餐，大都属于正餐时间，不是午餐，就是晚餐，奔走后必定是狼吞虎咽，用餐往往纯为果腹。菠萝油，这种带有消闲性质的食物，似乎更适合于早餐或下午茶那悠闲的时光享用。

四月的一个周末，我与一位友人走访香港中文大学。在诺贝尔物理学奖获得者高锟的塑像前合影，并登上生物大楼，极目远眺，但见雾锁维港，多少楼台烟雨中……在校园中盘桓大半天，走出一幢大楼，忽地一阵骤雨劈头盖脸袭来，一时找不到避雨处，只有径直往前奔跑。远远地，看见掩映在树林中的一长溜房舍。待靠近了，才发现是一个学生餐厅。虽然只是下午三四点，距我们的午餐也没多久，身形魁伟的同伴已有了饥饿感，一定要填充点什么慰劳自己。我虽无胃口，也只好友情作陪了。距晚餐时间尚早，前来就餐的学生寥寥无几，餐厅售票处的供应餐牌上，粥粉米面一应俱全，同伴要了份牛油角，我忽然发现有菠萝油，心想，这不正是缘分吗？于是赶忙点了。

餐厅里空荡荡的，我们独独挑了餐厅走廊靠路边的座位。此时，面前的一个托盘里，站着一杯加了冰块的柠檬茶，和一块端坐盘中的优雅的菠萝油，似乎正愣愣地望着我。远处，雨下得无边无际，一阵疾风，挟裹雨丝，斜斜扫了过来。我开始享用这只黄澄澄的菠萝油。菠萝包早已冷却，里面夹着的牛油也未冰冻，似乎并不合于地道严苛的“冰火两重天”吃法。不过，这又何妨？菠萝包依旧酥脆，黄油已渐渐融化，咬一口，甜香、咸香纷纷在舌尖上打转。更为重要的，远处雷声隐隐、细雨蒙蒙，一缕风、一缕雨丝，已然让这份菠萝油有了与别处不一样的风味。

大团的云朵在头顶滚滚而过，渐渐地，校园里变得晦暗不明，忽然远处灯光亮了，前来就餐的学生密集起来，我们享用完这短暂的下午茶时光，就此告别，冒雨去搭东铁线。

后来，对于香港中文大学的这家餐厅，我在网上却看到不少劣评。对此我不以为然。不管怎样，且不说这家餐厅在骤雨中将我们“收留”，单单那份我与菠萝油不期而遇的缘分，也足以让我心生感激了。

来份烧味双拼

说来惭愧，往来香港无数回，用餐也光顾过众多酒楼食肆，但最让我离不开的却是遍及香港最为寻常的快餐店。

香港的各式快餐店数不胜数，以美心、大家乐、大快活等快餐店名头最响。这几家快餐店遍布全港，主营的例牌菜式也大同小异，比如常年不变的烧鹅饭、白切鸡饭、油鸡饭、叉烧饭等几个“长寿”品种，你只要言明，就可以油鸡与烧鸭，或者叉烧与烧鹅双拼。快餐往往都以托盘套装，如果再加上例汤一碗或是袋泡红茶一杯、姜葱佐料一小碟，小小的托盘已被挤得满满当当了。

往往从罗湖或落马洲搭上东铁线已是正午，未及料理午饭的我早已饥肠辘辘，于是通常便在第一站上水下车，直扑车站内的美心快餐店。也不加考虑，照例点份豉油鸡红肠双拼饭，外加一杯冰冻可乐。这是我自己的“标配”。豉油鸡我喜欢的是皮肉的滑腻柔嫩，以及入味的豉油。至于红肠，不像超市里常见的哈尔滨红肠以蒜味浓厚取胜，港式红肠似乎未添加任何佐料，只裹着一层厚厚的肠衣，可谓原味红肠。

人们皆知香港美食遍地，更有云吞面、鱼蛋粉、丝袜奶茶、碗仔翅、鸡蛋仔等小吃驰名，此外遍及街头的各种西餐、日式料理，其品质即使与原产地相比也不遑多让。这些美食都逗引着众多游客的馋虫。我有一朋友身为某公司副总，唯对鱼蛋粉和牛丸情有独钟，每次赴港都会不辞辛劳前往尖沙咀，品尝深藏于菜市场铁皮大排档里的这种香港老味道。有时我与他赴港遇到晚餐时间，提议去美心或大快活解决，便会招来他的白眼：快餐就不必了。

我承认我舌尖上的低品位，不过也须为快餐正名或者辩白两句。不是早就有人提出食物的标准化吗？这些年举凡我们餐桌上的食物，鸡汤没有鸡味，油条不像油条，豆浆不像豆浆，甚至面条也没有劲道。我不敢说美心、大家乐这些快餐店提供的食品是如何了不起的食物，但至少口味纯正。它不以舌尖上的“清奇古怪”取胜，却可为所有人接受，盖因提供的食物属“标准件”也。这恐怕也可以解释为何麦当劳、肯德基可以横扫世界各个角落了。

此外，如果不想在港式茶餐厅遭受店员的冷眼，这些快餐店往往是不二的选择。相信许多人都在香港茶餐厅遭受过那些阿伯阿婶们的白眼，茶餐厅里流行的是“快吃快走”的节奏，稍一迟疑便会招来暗示性的驱赶。而在快餐店就全然不必理会这种“茶餐厅表情”。在台前递上饭单，不消五分钟一份套餐就已配好。我常惊叹于这些店员们的工作效率，往往对着饭单喊一声：叉油、冻柠茶，各个“配件”顷刻间便从厨房各处汇集到一个个小小的托盘里。无论人多人少，都是有条不紊富有节奏，似乎是一台高效的机器在运转。

据闻如今遍及全城各个角落的大家乐、美心、大快活这些快餐店，扎根香港均已超过二十年，看看每逢用餐时拥堵的人群便可知晓，这些快餐店已在市民的生活里占据了一席之地，从某种程度上讲，这些地方也构成了香港升斗小民生活的窗口。香港地价高，居住空间局迫。往往是夫妻下班前约好吃饭时间，然后到预定餐馆见面，吃完饭逛街看电影，夜深了方才回家睡觉。而这个预定见面的地方常常就在大快活、美心这类快餐店。

多年前，香港学者李欧梵从美国初来香江定居时，住在沙田新城市广场附近，他在香港四通八达的人行道流连外，也为快餐店的快餐着迷。在《商场如住房：沙田小居随感》一文里，他如此写道："有时候肚子饿了干脆停下来小吃，又为了'研究'小吃店的特色从云吞吃到烧鸭，从汉堡吃到通心粉，但是我最'中意'的还是价廉也物美的'快餐'，热烘烘的一盒，外加例汤，虽稍嫌油腻，但坐在小朋友身边，和'阳光一代'共餐，大家乐，何乐而不乐？"

的确在许多游客的味觉里，香港街头似乎总氤氲着挥之不去的油腻的味道，我敢说这油腻的味道，其实也包含了烧味饭的成分，我"中意"于这种人间的烟火味，沧桑岁月不曾冲淡，反而使其更加浓酽和醇厚。

又到了午饭时间，我的胃发出了绝不迟疑的声音：来份烧味双拼！

饮茶大帽山

这里所指饮茶，乃是“一盅两件”的港式早茶，香港市民生活的晨间曲。

在香江各处都曾饮茶，诸如西环莲香居、旺角雅兰中心稻香、九龙湾德福广场龙顺轩，等等，但这些茶楼都位于城中人声鼎沸的闹市区，往往感受到的是香港市民的世俗生活。一日友人阿荣却要带我上大帽山饮茶。

大帽山位于新界中部荃湾以北，山高957米，乃是香港重峦叠嶂的最高峰。

当日一早，我们从九龙美孚出发，打车来到川龙街，而后与阿荣的好友、香江土著阿强接头，随后排队坐小巴上山。听说阿强的家坐落于大帽山山脚下，去山上饮茶他才是真正的向导。以往上大帽山全赖脚力，如今开通了小巴，沿山路盘旋而上，不出半小时就爬上了山腰的川龙村。

山上与山下迥异，一派田园风光，在绿树和鸟鸣的环绕下，一座座寮屋群，鳞次栉比，挤作一团。我们由阿强引路，进入一座叫作端记茶楼的寮屋。端记楼高两层，与其他屋群一样，是一座由水泥和铁皮沿山势搭建而成的不规则小楼。也正是这种“不规则”，构成了这座茶楼别具一格的布局。中间入门，门口是明档和收银台，踏上几级楼梯便上了二楼，半敞开式摆着几张大桌，山色和鸟鸣毫无阻拦地钻了进来。再沿楼梯上去则是露台，也见缝插针地摆满小桌。本想坐在露台极目远眺，却发现早已被人占据。我们只好返回二楼，在中间最阔处的大圆桌前坐下。

与城中那些茶楼茶居迥然有别，这里采取的是老式茶楼的自助式饮茶方式——自己取碗筷、冲茶，茶点也要去点心区拿，揭开堆得高高的蒸笼去探宝。阿荣和阿强一阵轻车熟路地忙活，顷刻间便搬家般搬来一个个蒸笼，摆满面前的大圆桌。

圆桌前，最惹眼的却是白灼西洋菜，满满一盘，足有一斤之多。西洋菜并非稀罕物，可这里的西洋菜据说采自茶楼前的菜地，并用山泉浇灌生长，不到时令老板绝不允许上桌。送入口中，极为爽甜清新。再看看周围，几乎每桌都有这满满一大盘的“田园风光”。

与别处茶楼相比，这里的点心也不遑多让。虾饺皮薄，包裹的虾却不小；奶黄包一咬，里面的汁液马上会喷出来；马拉糕蓬松柔软，有蛋香味；山水豆腐花也是这里的一大招牌，舀一勺，分不清是滑入喉中还是化入口中。

依我看，将这里称为香江硕果仅存的旧式茶楼样本也不算夸张。有些点心在旧时茶楼里才能见到，属于许多老茶客萦绕于儿时记忆的味道，在这里依然重现，比如煎堆、鹌鹑蛋烧卖、腊肠卷、糯米卷等皆属香港的老味道，如今在全港已是绝无仅有了。

饮过一阵茶后，爬上露台，一幅港产片里才有的画面跃入眼帘。铁架上挂满一只只鸟笼，里面是画眉、猪屎渣（一种鸟）、鹌雀，据说旧时茶客都会带上自己的雀鸟在品茶之余，玩一种斗雀的游戏。如今则是一边叹茶，一边赏雀。露台上正好来了香港某家电视台录制节目，眉清目秀的女主持正对着镜头用粤语开讲，无须导演编排，笼中和露台上的鸟雀仿佛早已串通好了，叽叽喳喳鸣叫起来，鸣叫声也仿佛是粤语的，正好做了节目的配音。

我们买单下楼，从茶楼后门出来，发现偌大的空地上，也一样摆满一张张圆桌，满眼密密麻麻的茶客，让我分不清究竟楼里还是楼外才是饮茶的主战场。一路走过，茶楼前的停车场，停满了城中来的车辆，并且还不断有车辆驶来。对于许多茶客而言，也许山间的早茶才刚刚开幕。

我们的山间饮茶也未真正谢幕。作为山里的主人，阿强慷慨地邀请我们，徒步下山去他坐落于山脚下荃锦公路边的家做客，他要为我们开封泡了十年之久的土蜂蜜酒，作为此次大帽山之行的压轴。

番薯糖水

那天寒风乍起，香港的天气难得如此寒冷彻骨，街上行人一个个似乎全都直不起腰来，裹了件薄毛衣的我，也是瑟缩一团，再看看同行的两个女伴，脸色苍白如纸。我们正在佐敦街头等待“梁总督”的大驾光临，他当然不是真总督，不过是我们对一位熟悉的香港土著朋友的戏称。他要从将军澳赶来，无非换乘三趟地铁，再说他也不是女人，出门前非要进行一番描眉、抹唇膏之类的面子工程，可左等右等就是不见他来，实在挨不过这天气，我们只好返身进了街边的永安国货店。

一个小时后，终于见到了姗姗来迟的“梁总督”。他未加解释，也未有多少愧疚，二话不说拉上我们去吃糖水。尽管现在只是三四点光景，远没有到晚饭时间，但我知道，善解人意的他是想通过笼络我们的胃，来抵消寒风里的等待之苦。

一行人跟着他，在高大的建筑物背后七拐八拐，不一会儿就到了藏在横街直巷里的明记甜品。虽说繁华闹市近在咫尺，这里却无多少游客踪迹，恐怕是香港本地人才熟知并频频光顾的所在。就像香港的许多老字号街边店，明记甜品貌不起眼，位于一幢年久失修的唐楼门脸，挨着一家文具店，且仅有露天位。我们在唯一一张横在门口的长桌前坐下，店里阿婶过来递上菜单，众人分别点了椰汁西米露、芝麻糊加渣渣、木瓜雪耳，我不假思索独独要了最为普通的姜汁番薯糖水。

不一会儿，托盘里的一碗盛在青花瓷碗中的金黄色番薯糖水送到了面前。也许是饥寒的双重作用，使我来不及细细打量，赶忙拿起了汤勺。番薯糖水在华南地区是最为普通、随处可见的糖水品种，我也曾在许多餐厅或甜品店品尝过，面前的这碗似乎更加温润和香甜，糖水在日光的映衬下也愈加鲜亮。

就在我一边埋首这碗糖水，一边与大家谈笑时，一抬头看见长桌一旁坐着一位阿婆，正冲着我微笑。她已是耄耋之年，戴着绒线帽，裹着厚毛衣，一脸的慈祥，面对冬日里的阴冷和寒风，只是静静地坐着。看到她坐在甜品店堆放的杂物前如此笃定，无须猜测，她一定是店主家的老人。或许她曾在这家有些年头的甜品店里操持了大半生，如今当她年迈，再也无力打理，便将甜品店交到了下一辈的手上，每天时不时在店里坐坐，安详地看看，并冲着在此光顾的顾客笑笑，送去自己的无声问候，也许就能满足。

她让我想起另外两个老人。一次从“梁总督”家中出来，仍旧是寒风来袭，我们走在位于将军澳的某个小区路旁，看见一对年迈的夫妇正在烤番薯，他们围在一个竖起的炉子旁，正在专心地翻转一只只烘烤着的番薯。听“梁总督”讲，他们几十年间都在这里，名号传遍九龙，许多市民不辞路远专程来买他们的烤番薯。他们也有实力去开一家店面，但仍旧几十年如一日坚守在露天的马路旁经营。虽然“梁总督”未讲，但我相信，他们的存在就像一个路标，在此居住过的人只要来此走走，恐怕就能唤起诸多属于往昔的暖心记忆。

面前的糖水还有大半碗，汤水鲜亮，金黄的块状番薯载浮载沉，热气尚未散去，袅袅腾腾，空气里似乎也飘浮着一丝丝香甜。这是因为这碗糖水混合了冰糖、白糖和姜汁，我该说，还融入了面前这位阿婆温暖的微笑。

一碗刻骨铭心的豆浆

忘记在什么杂志上读到一篇文章，作者是个老华侨，一个十足的豆浆迷，久居海外，每逢回到大陆故乡，总不忘四处寻觅豆浆，却往往大失所望，他遇到的豆浆无一例外都是原味尽失，极为寡淡。他由此感叹，走遍神州大地，已喝不到一碗真正的豆浆。

这位老华侨的话不免危言耸听，但细细想想，的确这些年豆浆随处可见，可不管在大酒店，抑或街头小吃摊，遇到的豆浆都似乎不是味儿，再也难有往昔记忆里那股洋溢着浓浓豆香的滋味了。

我不甘心，遇见一碗原汁原味的豆浆，真的成了奢侈?

今年初春，我们来到了梧州。梧州，一座美丽洁净的小城，地处西江中游三江交汇处。下榻在西江边的一家宾馆，隔日一早，我们便来到前台打听哪里可享用到最具本地特色的早餐，正忙碌的一个眼睛乌黑的女孩不假思索地告知，去冰泉豆浆馆。末了，她还补充，可有名了，不饮冰泉豆浆，不算来梧州，我们梧州人人都去过。当下不免怀疑，一个小小的豆浆馆会有多大魅力，会不会像如今遍地开花的那些豆浆店一样平淡无奇?

怀疑归怀疑，我们还是去了。横穿大半个梧州城，正如那个女孩所言，冰泉豆浆馆并不难找，走到一条主干道尽头上山就是。上了山，但见路旁停满大大小小的车辆。这年头随着私家车数量激增，判断一家酒楼食肆的人气如何，其标志便是看门前停泊车辆的多少。不消说，眼前停满车辆处便是冰泉豆浆馆。沿着一条林荫道，走进一道古色古香的门，就见一幢白色的两层西式洋楼，上上下下挤满了人。尽管一路疾行，我们依然来晚了，两层楼中的所有座位统统被占据，甚至连走廊、外面草地上也已人满为患，显然不少食客已决心捧着食物就地解决了。

冰泉豆浆馆里其实也不光供应豆浆，还兼卖各式各样的点心，粗略估计，大概有一百多种。这就意味着前来光临的食客绝非草草喝碗豆浆咬几口油条那么简单，大有摆开类似吃早茶的阵势了。

如此光景，休想谋得一席之位了。见一位忙碌的服务员匆匆走来，忙拦住问是否要排号等位。结果她一脸茫然让我们自己找位。我们瞄准一张桌子，准备做“替补队员”。但看到陆续有点心上桌，一桌的男男女女兴味正浓，毫无离席之意，再看不断汹涌而来的食客，无奈之下，我们只好撤退。

两个小时后，饥饿难耐的我们，在各自勉强吃下味同嚼蜡的榨菜肉丝面，并瞻仰了龙母庙，沿桂江大桥走了一遭后，再度杀回豆浆馆。

人潮已经退去，始料未及的是一百多种点心仅剩下了四五种，且与豆浆堪称绝配的油条也售罄。想想也是，现在都什么时间了，下午两点，一个如此不尴不尬的时间，一个专营早餐的地方依然大门敞开，对我们而言，已很仁慈了。

最可欣慰的是豆浆还有。迫不及待，我们每人赶忙要了一碗，及至上桌，喝下一口，我们几乎异口同声叫道，妈呀，甜死了！在我看来，这碗豆浆的甜度，即使再冲三碗，也不会变淡。忙问服务员，豆浆为什么这么甜？服务员笑说淡豆浆已卖完，只有甜的了。

不过依我说，即使在浓浓甜味的掩盖下，那种久违的原汁原味的醇厚还是掩饰不住地散发出来，香滑的浆汁在舌尖上打转。是的，一点没错，这正是豆浆原来该有的滋味，那已在味蕾上消失了很久的往昔记忆复活了。记得一次闲谈中，一位朋友告知，他印象里的豆浆上品，无寡淡“水味”，豆汁醇厚，喝下时往往有往回收的感觉。他的这种“标准”，冰泉豆浆似乎当之无愧。

冰泉豆浆何以更接近于记忆中的豆浆？当时在梧州行色匆匆，未及深究。后来，我上网查资料得知，冰泉豆浆早闻名遐迩，乃因其材料来自优质黄豆，并用当地独特的“冰井泉香”井水浸泡，经磨、滤、煮的过程，制成豆浆，以汤匙舀而滴下犹如串珠，因而有“滴珠蜜味”之誉。看到这里，我在想，当时在冰泉豆浆馆，孤陋寡闻若我，尚不知有“滴珠”之说，故没有用汤匙舀而滴下以做验证，不过那“蜜味”是至死也不会忘记了。

无鸡不欢

吃鸡，是一件无比幸福的事。

20世纪80年代，记得某年春晚，有个吃鸡小品，极尽夸张之能事，把人们对吃鸡的痴迷，表达得淋漓尽致。春晚办了一年又一年，这个吃鸡小品，仍有不少观众难以忘怀。个中缘由固然可以归于表演精彩，但吃鸡本身也不能不说有着莫大的吸引力。

我游历不广，孤陋寡闻，但可以肯定，国人对于吃鸡从来都是热情高涨胃口大开，餐桌上，鸡肉永远是一道经久不衰的风景。且鸡肉不但在本地叫响，也逐渐在神州大地发扬光大。某年我搭乘火车沿沪宁线、陇海线西行，火车跑了一路，各式各样的鸡肉也见识了一路，依次数过去，有上海三黄鸡、常熟叫花鸡、苏州油鸡。再往北，则有安徽符离集烧鸡、山东德州扒鸡以及河南道口烧鸡。我曾经在西北居住过，得知那里的美食绝非牛羊肉专美，鸡肉也占有一席之地，如甘肃静宁烧鸡在当地就堪称一绝。还有新疆的大盘鸡，君不见如今早已遍地开花。

于饮食上，恐怕到了广东才算真正开眼，对于天上跑的除了飞机，地上有腿的除了板凳没有什么不敢下肚的广东人而言，在吃鸡上也一向敢为人先。

这个印象在我初次南下时就深深留下了。那年，我坐的火车过了韶关，早晨八九点钟的光景，晃晃荡荡的车厢里忽然推来了餐车，一个列车员扯着大嗓门，不停叫卖："卖盒饭了，二十元一份。"这位列车员胖墩墩，加上一口拖长的广普，不消说就是一个典型的老广。看见餐车上的盒饭并未打开，大家好奇心顿起，纷纷问："卖的什么快餐？"

列车员无比自豪，高声回答："鸡肉！"并为大家慷慨地掀开盒饭，是一大堆鸡块，我正疑惑于一大早谁有好胃口吃得下如此油腻的食物？不料列车员对着盒饭强调："我们广东就好吃这个！"

还真让他说准了。移居岭南后，我发现只要不出广东地界，无论是在城镇乡村，也无论粤东粤西，无一例外，餐桌上有个雷打不动的项目就是吃鸡。且这些鸡肉，在当地名头响亮，俨然已为当地招牌鸡。比如东江盐焗鸡、清远鸡、湛江鸡、杏花鸡，流风所及，即使去了比邻广东的海南，也有与鸡相关的佳肴如影相随——文昌鸡和鸡油饭。在我居住的深圳，濒临大海向以濑尿虾等海鲜闻名，该不会有属于自己的招牌鸡了？非也。

某年盛夏，同事相约东涌一游。东涌位于深圳大鹏半岛最南端，距市区七八十公里，路程不近，且七拐八拐，有段路极不好走。花费如此力气，吃一餐海鲜，看看千篇一律的海，似乎并不值得。不料同事却说去吃鸡，我就反驳，吃鸡，那就更不值得了，那里会有什么特别的鸡？"窑鸡，吃过吗？这是全世界独一无二的做法。"听她如此卖力推崇这种窑鸡，我只好乖乖跟着去了。

果然到了东涌一条小街上，就见挂满"农家乐窑鸡"的招牌。我们随意进了一家，见识了这种独一无二的窑鸡。首先要澄清窑鸡并非出自砖窑，而是在一个大炉子中炮制。其步骤是将鸡宰杀洗净后掏空腹腔，塞入蒜头、香菇等佐料，鸡身内外都抹满精盐，再用锡箔纸严严实实包好。等窑上的瓦片烧到泛白时熄灭柴火，将包好的鸡放进窑里后即把窑弄塌，在窑上覆一层厚厚的泥土或沙子防止热气散发，一小时左右就可开炉取鸡了。

窑鸡的味道到底如何，大概也是“萝卜青菜各有所爱”，我也不想因为长途跋涉就要对其“拔高”，若说优点，胜在十分鲜嫩。至于味道如何到底不是最重要的，人们由此发现了鸡的一种吃法，丰富了洋洋大观的美食文化，并树立为当地的一大招牌，才至为关键。

随着食文化的发扬光大，相信各地都在不遗余力地挖掘和开发新的美食品种，也难说以后我们不会吃到更多、更美味的鸡肉。最后，让我来讲一个听来的关于吃鸡的故事。

有一年，暑假到了，一个大学生回到家中，他的爸爸很关心这个久未见到的儿子的学业，便问他在大学学的什么。

儿子自豪地回答：“哲学。”

“哲学？”他的父亲不解，就问哲学是研究什么的。

恰在这时开饭了，忙碌的妈妈端来一整只做熟的鸡，热气腾腾地冒着扑鼻的香味。

“我来举例说明，”儿子灵机一动，对爸爸说，“在你看来，这只盘中只有一只鸡，而对学哲学的我来说，却有两只鸡，一只是看得见的，一只是看不见的。哲学研究的就是看不见的鸡。”

“那我就吃看得见的，你去吃看不见的好了。”说着，爸爸毫不犹豫地将筷子伸向盘中的鸡。

味蕾上的成都记忆

驱车驶入成都市区，进入眼帘最多的恐怕就是食街餐馆了。有人曾形容香港是银行多过米铺，而在成都这座美食之都，食街餐馆却是压倒一切的存在，其密集程度可以用“五步一哨、十步一岗”来形容。这些食街餐馆五花八门，往往都取了勾引馋虫、让人胃口大开的名字，其中“好吃街”“好吃店”最为常见，一次次从眼前闪过。别的城市的食街或餐馆自然也会冠以“好吃”的名头，但似乎都不如成都如此普遍。据我推断，成都人敢于频频亮出“好吃”的招牌，或许基于两个理由：首先这里的食物的确好吃美味，令人垂涎三尺；其次成都人也的确好吃善吃，有个博大宽广包容一切的好胃口。

犹记得多年前初次来蓉的情景。当时我们一行十多个同事落地成都，到了酒店安排停当已近午夜，却是睡意全无，不约而同溜出，纷纷要去消夜。尽管此前我们都已在飞机上被航空餐喂饱，但依旧按捺不住，要去慰劳自己娇气的肠胃，仿佛不如此，便不算来了成都。

然而，这时候谁也不知成都的食街位居何处，夜色茫茫，伫立街头，我们像一群无头苍蝇般乱撞，唯有坐了出租车让司机带路。驶过几个街区，停车处，眼前矗立着一家孤零零的豪华酒楼。真是鸡同鸭讲，我们想去的乃是人潮汹涌的美食一条街。幸好马路旁就有一条小巷，散落着两三家大排档。也不管三七二十一，我们随便拣了一家径直进去。正是在这里，我们吃到了当时尚未风靡神州的串串。串串其精妙之处在于一个“串”字，凡天下食物皆可“串”起。夜已深，各种食材源源不断地输送过来：毛肚、川肠、鱿鱼、鳝鱼、鸭肠、鸡胗、肉片、肉丸、白菜、土豆片、藕片、韭菜……统统变为串串。我们也掌握了吃串串的正确姿势，原来并非如吃羊肉串那般，要一串串点杀，而是握上一大把，将其豪迈地撸下，一举歼灭。这种吃法，不但酣畅淋漓，且效率惊人。最后检点战果，尽管是黎明前的一战，我们中仍有人创下了108串的最高纪录。

随后几日，我们转战别处，还吃到了成都火锅。虽说火锅遍地开花，可唯有到了川渝地区恐怕才能真正领略那麻酥酥、火辣辣的火锅。惜乎我们在座的都是舌尖上的“保皇派”，谈“辣”色变，硬生生将一锅红汤变为清汤，致使那晚的火锅在我的味觉里留下的是不温不火、极为寡淡的记忆。

前些年有幸结识了贵哥等一众成都朋友，经不住他们热情相邀，几年里我频频赴蓉。逗留期间，弥补了味蕾上缺失的一环。

那年四月甫来锦官城的当晚，贵哥就在市区一家名为“佬革命火锅”的店里，摆开阵势为我们接风。一如其名，“佬革命”内弥漫着一股战天斗地的壮志豪情，服务员俨如当年红卫兵小将的装扮，墙壁上张贴着“辣得心甘情愿，麻得无怨无悔”的标语，我们每人系了军装风的围裙披挂上阵。再看看那一锅端上来浑似脸盆般沸腾的汤底，红红的辣椒和麻麻的花椒载浮载沉，让我觉得这餐火锅是大阵仗，马虎不得，非要拿出气吞山河的万丈豪情不可。

肥牛、鸭肠、丸子、黄喉、毛肚……也不知在火锅里涮了多少东西，在酒精和成都朋友神侃的双重催眠下，一晚上我都是口干舌燥、晕晕乎乎的。我就像在锅底畅游了一番，或者洗了一次火锅的桑拿浴。不过，过后却觉得味蕾获得了解救，并且周身舒泰，一股浩然之气也似乎正从胸间升腾。

席间，贵哥说有些成都人不愿离开四川，就是因为担心吃不到正宗的四川火锅，或者哪怕去了外地几天，也想着尽快赶回来，而回来的头等大事就是吃一次正宗火锅，好让自己真正“醒”过来。

当然，成都也非只有火锅专美，那次在东郊记忆食堂，品尝了一道夫妻肺片，彻底改变了我对这道菜的固有印象，不免多吃了几口，再回头下箸，却发现盘中早已见底。原来大家都用筷子为这道菜投了票。临行前夕，朋友程远的夫人还念念不忘，怂恿大家再一次杀回东郊记忆食堂。

在成都数日，友人天天宴请，吃遍了成都，肚囊里也仿佛将一年的油水存储了下来。临行前夜，贵哥似乎还嫌不够，非要再整一桌告别宴不可。我们按照他发来的定位，从宾馆赶到目的地，发现是一个星级酒店的餐厅。望着一桌大鱼大肉，我不免略感失望。此次来蓉，友人可谓热情有加、关怀备至，若说有什么不足，就是不曾带我们去成都人至爱的苍蝇馆子寻味。也巧刚才在我们来时的路上，转过一个街角，就发现了藏身路旁的一家苍蝇馆子，当时心想，告别宴若是设在这里该有多好。但贵哥也许觉得苍蝇馆子对于我们这些远道而来的客人拿不出手。其实，这样的地方，才是知味人的频频光顾之所。

苍蝇馆子谓其小，貌不惊人，成都人却敢以“苍蝇”命名，足见其生性的幽默。苍蝇乃不洁之物，在此与食物和餐厅搭配，却使人感到亲切和巴适。从网上得知，苍蝇馆子是成都人矢志不渝的至爱，因那里积聚了人情味和烟火味——而人情味和烟火味才是真正维系一家馆子的灵魂所在。

这倒给了我下一次再去成都的理由。去过多次，我自然不可能变为一个美食家或者饕餮之徒，但渐渐地像一个成都人那样，变得好吃、会吃、善吃、能吃，倒是大有可能的。

西北会“面”记

西北面条的谱系中，当以兰州牛肉面最为影响广泛。人人皆知兰州牛肉面，也鲜有未食过兰州牛肉面的。若干年前，我在上海惊奇地发现，于饮食上一向自视甚高的阿拉上海人，居然向兰州牛肉面全面投诚，弄堂口、马路边，到处都是挤挤挨挨等着吃上一碗热气腾腾的牛肉面的队伍，一时间，但凡面条店里只供应兰州牛肉面的，大有将陪伴了上海人一辈子的阳春面、大排面赶尽杀绝之势。

真正地道纯正的口味必定是在原产地，此话不假，但不要以为到了兰州，遍地皆是正宗的牛肉面。有年盛夏，在兰州数日，我被不止一次地告知，眼下两个地方的牛肉面最火，一个是马子禄，另一个恕我想不起名字了。自然非去不可。那天我们起了个大早，驱车来到位于小巷深处的马子禄牛肉面馆，里里外外早已人满为患。我们好不容易在二楼所谓的雅座觅得座位。坐下来，细细打量，牛肉香味四溢，周遭的人们埋首于热气腾腾的大碗中，心无旁骛，寻常的牛肉面在这里展示出了难以想象的亲和力。

也就在这里，我方才真正明白面条原来有若干种尺寸和型号，根据粗细拉面可分为大宽、宽、细、二细、毛细、韭叶子、荞麦楞等种类。

等到马子禄牛肉面上桌后，我惊奇地发现面是面、汤是汤，这也纠正了长期盘踞在我脑中的一个谬误，以为牛肉汤非红不佳，非浓不佳。何为上好的牛肉面？据说当地有几项硬指标，一清二白三红四绿五黄。简单说来：一清指汤清，二白指萝卜白，三红指辣子要红，四绿即香菜，五黄乃面条黄亮。后四项指标似乎都不难达到，唯独这“清”难以企及。喝一口马子禄牛肉面汤就知晓，“清”并非寡淡，并非“一清二楚”，而是大雪无痕，是多层次味道的组合。据说此汤乃由几十种佐料与牛肉原汤配制而成，这也意味着历经千折百回，才达至“千淘万漉虽辛苦，吹尽狂沙始到金”的境界。还要一提的是自然条件，兰州位于黄河上游的一个河漫滩上，据闻是省会以上级城市中地下水质最好的，另外，兰州的食用牛肉主要是甘南和青海牦牛。可以说，兰州牛肉面是“天作之合”的结果，移植异地并不能还原真正地道的味道。

除了兰州牛肉面，在西北面条谱系里，影响广泛堪称一绝的还有臊子面。一提起臊子面，眼前立刻会浮现一大碗油汪汪、红彤彤的面条，面对它，我敢说，即使一个定力很好的人，恐怕也难以无动于衷。许多人首先对“臊子”两字心生不解，其实就是面的浇头，这是西北人的说法。臊子面的特点，有人以九字令做结：薄、筋、光、煎、稀、汪、酸、辣、香。“薄、筋、光”指面条之质；“煎、稀、汪”指汤水温度要高，面少汤多，油和肉要多；“酸、辣、香”指调味之美。在我看来，臊子面这些特点其实烘托出的是红火和热闹，肉臊子、胡萝卜、黄花菜、木耳、豆腐等诸物加上油热的辣子和滚沸的汤，不但富含高碳水化合物、高饱和脂肪酸等营养成分，更加重要的是其热烈的色彩和气氛，尤其在冬日，一下子就给了人满怀滚滚的暖意。

在西北，若对“有水井处就有柳词”一说做一篡改，便是有吃饭处必有臊子面，臊子面可谓最有人缘、覆盖面最广的食物。不过，臊子面以陕西的岐山最负盛名，我们在各地看到的臊子面也大都以陕西岐山为号召。据说真正的岐山臊子面，极酸极酸，寻常人不敢问津，现在见到的通常都经过了改良。如今，臊子面也在神州各地蔓延，在我居住的深圳就常常能发现臊子面的踪影，仅梅林一带就有好多家，尤其有家以陈忠实小说书名命名的“白鹿原”尤为地道。前些年，我烟量惊人，早上起来，常觉烟笼雾绕，口干舌燥，神奇的是一碗白鹿原臊子面下肚，顿感神清气爽，一如常人。可惜后来“白鹿原”不存矣。

说来说去，兰州牛肉面、臊子面这些品种都嫌太过正统，在西北面条王国里，其实还有不少极为“另类”的品种，并未被外人所识，只在本地寂寞地开花。这里介绍一种——洋芋糊糊。

最初见到洋芋糊糊，是在陇东庆阳城中一家名为“小可以”的餐厅。我们落座于一间狭小的包房内，在上完了大大小小的十多种菜式之后，最后上的是洋芋糊糊。

洋芋糊糊是将洋芋与面条共冶一炉的产物。洋芋在这里喧宾夺主，充当了真正的主角，完全融入其中，形成糊状，与面条融为一体，最后达至你中有我、我中有你的境界。

一碗洋芋糊糊，若拌上红红的熟油辣子，不管是嚼几口面条，还是喝一口汤，洋芋的那种颗粒感以及特有的黏性就会在舌尖相聚，形成挥之不去的缠绵。但我想，恐怕也只有西北的洋芋才有这等至情至性。洋芋是西北人须臾不离的至爱，在庆阳的餐桌上我听到一位女性言语中流露出对南方土豆的不屑与鄙夷。有一年他们全家在桂林游玩，孩子忽然想念炒土豆丝了，于是他们上餐厅迫不及待点了一盘，即至端上桌来，一吃之下，发现是一盘水。自然这是夸张的说法。不过，比起西北饱含淀粉的土豆，南方的土豆确实水分多，淀粉不足，难怪我在各处吃到的炒土豆丝，总感觉不是味儿。看来烹饪方法是一方面，食材的货真价实也至关重要。这可以解释麦当劳为保证其炸薯条的口味纯正，为何要费尽心机地组建基地培育自己独有的土豆品种。

在西北，面条种类数不胜数、五花八门，还有扯面、油泼面、浆水面，棍棍面、蒜蘸面，等等，一时吃不过来，自然也难一一尽述。

波子汽水

我嗜好汽水这种被健康饮食人士嗤之以鼻的碳酸饮料。在“心内如汤煮”的炎炎盛夏，若是有一瓶冰镇汽水自喉咙咕嘟咕嘟灌下，那无疑会幸福得冒泡。

如今，汽水家族中，可乐、雪碧最为普遍，随处可见，若要说起波子汽水就较为陌生和稀罕了。

波子汽水听其名，就知是日本所产。通常按不同口味，有多种色泽，却都呈透明状，味道甜丝丝，比起雪碧、可乐，自有一种清新天真的气息。其饮用的乐趣在于瓶口暗藏一个玻璃弹珠，使劲按压，方能打开。波子，就是英文“boll”的音译。这大概就是波子汽水得名的由来。

最初知道波子汽水还是在日本电影里。那些东京的少男少女们在热恋时，都不忘捧一瓶波子汽水在手，似乎一仰脖喝下，就能品尝清新中混合着甜丝丝的初恋的滋味。当然云游四方浪迹日本列岛的寅次郎，也同样在一次又一次的艳遇中，会不时灌上几口波子汽水，冒冒幸福的泡泡。忘记是哪部日本老片了，一位在大户人家帮佣的贫寒少女，平生最大的愿望就是能去东京，喝一瓶波子汽水。

就是因为这些日本电影，我对波子汽水竟也有了莫名的兴趣。有一年，与几位朋友在位于香港沙田新城市广场的一田百货闲游，一时口渴，面对货架上琳琅满目的饮品，正在犹豫不决到底该选何种时，我赫然发现了一整排嵌有弹珠的波子汽水。在我的怂恿之下，两个朋友也挑选了波子汽水。朋友久居“舶来品”丰富的香江，当然不会以为此种汽水多么稀罕，但因不常喝，竟也捣鼓半天，才终于想起该如何将瓶口打开。

还有一次与波子汽水邂逅是在台湾新北金瓜石。金瓜石曾因日本侵占者在此开采金矿闻名。金瓜石金矿渗透着台湾矿工的血与泪，台湾导演王童执导的《无言的山丘》就是以此地为背景，还原了那一段血雨腥风的历史。如今金瓜石早已换了人间，已成为新北一处游览胜地。雪泥鸿爪，这里依然保留着昔日的风貌，当年的车站、矿井和坑道尽数保留。下山后，我一时口渴，跑去路边小店，居然发现了波子汽水。不过，这里叫作“弹珠汽水”，并书写在一块木板上，俨然成了店家的镇店之宝。我与同伴各自要了一瓶，小店对面斜坡上，正好置放着石桌石凳，我们过去坐下，摆上弹珠汽水。绿莹莹的瓶身反射着天光云影，仿佛也将一山的雾霭和绿意蓄积。面对满目青山，我们不时喝上一口，顿觉神清气爽困意尽消。

波子汽水毕竟不是随处可见，至少遍布四处的便利店难见踪影，非要去一田百货那类日货店才有。不过，日本电影里倒是屡屡见到。近来，在是枝裕和那部大热的《小偷家族》里，我们又一次和波子汽水相遇了。

镜头里，妈妈信代和儿子祥太走在街头，两人手中各自举着一瓶波子汽水开怀畅饮。原来他们没有血缘关系，而是由奶奶初枝、柴田治、亚纪和他俩，因为相互取暖，抱团组建的临时家庭。称其为“小偷家族”，是因为家庭中所有人均以偷窃为生，日常生活中的诸多用品都是从超市或者外面随时免费取来，举凡食物、餐具、钓鱼竿、洗发水等，甚至连他们家庭的新成员——妹妹友里也是以这种方式带回家的。不过，此时他们手中的波子汽水却是在街边摊档上买下的。

走在路上，妈妈信代和儿子祥太有了这样一段对话。

“那以后我们还要不要偷下去？”祥太问。

“超市里的东西没有售卖出去，就不属于任何人。”信代答。

这就是他们“偷”的哲学。也就是说，即使是偷，也要以不损害他人为前提，就拿信代和柴田治“偷”来的女儿友里来说，他们看到她独自在家，无人照顾，倍感孤独和冷落，临时起意，才带她回家的。

这时，祥太又问信代：“是不是友里叫你妈妈，你会很高兴？”

信代喝下一大口汽水，开心地笑了。

祥太由于生性腼腆，对于柴田治屡屡让他叫“爸爸”的请求，一直开不了口。这时，信代开导他：“这不是什么重要的事，很自然就可以叫出来了。”

这是片中主人公诸多快乐的桥段之一。走在街上，信代猛地一仰脖将剩余的汽水喝光，并夸张地打了个响亮的嗝。快乐是可以感染的，祥太也像模像样地学起信代，喝下一大口汽水，发出同样响亮的打嗝声。

汽水喝完了，瓶中的弹珠却留了下来。晚上，回到他们的欢乐之家，祥太举着弹珠，仔细端详，妹妹友里凑过来，好奇地问：“看到了什么？”

祥太回答：“看到了一个宇宙。”

后来，当警方破案，失踪的友里又回到亲生父母身边，小小的弹珠也传到了她的手中。无人陪伴，孤独袭来，友里想让妈妈看看这神奇的弹珠，正忙着化妆准备出门的妈妈却厌烦地将她一把推开了。

星空的微笑

鸟道

鸟道悬空，鸟展着翅膀任意飞过的地方就是鸟道，而一旦掠过之后，鸟道便遽然消失。鸟因此在无限的空间自由扩展。“天空没有留下翅膀的痕迹，但我已经飞过。”鸟道来无影、去无踪，《菜根谭》中“雁渡寒潭，雁去而潭不留影”，套用于鸟道，也是恰当的。鸟道像是天空中的花样滑冰，在天空中挥洒优美的韵律，而在本质上它更接近于抒情诗，是一种兴之所至，自由灵动的发挥。

相比之下，我们人类所谓的“道路”，要落后得多。一方面，我们囿于空间的限制，只能在有限的地面亦步亦趋，根本无法拽着自己的毛发飞离地球。另一方面，我们在狭小的地面又受到种种钳制，来自主观的或者客观的，不但有众多的沟堑和水泽，还有众多的围墙和藩篱，它们都无一例外地阻碍着人们向前延伸的道路。人们当然可以借助于器具和智慧，设法跨越和冲破，然而人们同时也付出了昂贵的代价。

如果逐一比较，便可以发现，鸟道是立体的、轻盈的，而人之道则是平面的、沉重的。

这样看来，鸟道是比人道更为优越的。鸟道代表着一种高度，它借着天空里的道路尽情抒发自己的性灵，人类无法企及，所以对鸟只有仰望了。

但人类也无须妄自菲薄。作为万物的灵长，人类也找到了弥补自己不足的路径，那便是梦和想象。梦和想象构成了人类的两翼，借助于它，人类的道路得以突破地面的束缚，并超越时空，向着无限延伸。梦和想象是一对无形的翅膀，通过它们可以使人类的性情和灵光得到淋漓尽致的抒发，它所经之处，使暗夜发出星光，使枯寂的冬日发出春之馨香……它裹挟着我们，疾速地上升到新的高度，进而与鸟保持着一种平行关系。

“在黄昏的微光里，有那清晨的鸟儿来到了我的沉默的鸟巢里。”（泰戈尔语）我们无法推断，人道是否因袭于鸟道，却可以肯定，至此，人道与鸟道已经融为一体了。

凌晨，一只异鸟翩然来访

我是懒惰之人，极少会在凌晨起来，那天破例早睡，却受到了报复，约莫在凌晨三时醒来，怎么也难以入睡。百无聊赖，只好摸一本闲书翻阅。翻着翻着，一阵激越的声音凭空响起，直抵耳膜。

恕我愚钝，我在城中这一带居住达数十年之久，似乎从未听到过动静如此大的鸟鸣，那该是什么鸟？布谷？杜鹃？斑鸠？抑或是一只从遥远异乡飞来的异鸟？

且不管了。那鸟鸣一声比一声激昂，一声比一声高亢，仿佛拉响了凌晨的警铃。

说起来，我所居住的这个小区也算是树木茂密、花草繁盛，楼房四周种植了榕树、香樟树、杧果树，放眼望去，也称得上一派葱茏。自然吸引了一群群鸟雀齐集，平日也会挤在一起，叽叽喳喳一番，不过叫声都在过于喧嚣的白日里被遮盖了。在我偶尔早起的清晨，也曾听见过一两声怪异的鸟叫，就像是谁凭空撒下的一串哨音，很快就不见了。

反正此时书已是无法翻看，刚刚冒头的睡意也被按了下去，我索性走到阳台一探究竟。楼下黑黝黝的，对面楼房门前和道路上的几盏白炽灯勾勒出了楼房和树木的轮廓。叫声是有节奏的，会在略略停顿和间隔后再度响起，呱呱的叫声似乎还拖曳着长长的尾音。我无法辨别这只鸟究竟栖息在哪一棵树之上，循声望去，我仿佛看到纠缠在一起的树枝也在微微抖动，呼应着这只异鸟的来临。

目下夜色还盘踞在整片小区，在四下里渲染，但仔细凝视，已有点点亮光在天际渗透，难说不是被这只叫不出名字的鸟啄破了夜色，从而使黎明一点点漏了下来。从来都是闻鸡起舞，可如今城市里早已不再有人养鸡，那么是否意味着专司报晓之职已被鸟类取而代之?

呱呱，嘹亮的鸟叫响彻小区。

再看看我所在的小区，目之所及，即便是一只异鸟到来，也没有谁家的灯盏亮起，一扇扇窗户都拉着厚厚的窗帘，像是一只只因酣睡而紧闭的眼睛，始终不肯睁开。那些楼道口黑黝黝的门洞则如因酣睡而张开的嘴巴，似乎能感觉它发出的均匀的呼吸。也就是说，哪怕是一只异鸟发出的叫声，也无法唤醒一个个沉睡的人，更何况还有一些装睡的人。

我不知道这只异鸟的来访意味着什么。其实，我也本该属于那些沉睡者的一员，只不过因为偶然醒来才与一只异鸟相遇并被其吸引。可以想见，在过往那些漫长的日子，因为我的沉睡不醒，或者昏聩不察，该错失了这个世界多少的奇遇和魔幻时刻?当然不限于一只异鸟的翩然来访，还有诸如一场骤然降临的春雨，滚过天边的闪电，遽然划过夜空的一道流星，甚至一朵花的微笑，一片黄叶的轻轻叹息……而正是这些大自然微妙的变化，才使我们冰封的心之湖面有了涟漪，硬核的现实变得柔软。

蝉声如雨

蝉声是属于夏日的，《礼记》曰：“夏至到，鹿角解，蝉始鸣，半夏生，木槿荣。”意味着夏至一过，蝉就纵横天下了。

眼下正是酷夏，走到哪里都有立体声般的蝉声不绝于耳，哪怕枯坐家中，也有蝉声传来，仿佛背景音乐似的挥之不去，蓦然这鸣叫还会加大音量，在窗外不足十米处响起。窗外树木蓊郁，浮云一般，蝉蛰伏其中，一如打开了音响，人来了便立时按下暂停键，叫声戛然而止，一旦远去重又播放。但时间久了，我发现它就不再戒备人的脚步了，当你漫不经心走过，树梢上的蝉依旧自弹自唱。也许它已然习惯了人的存在，也许面对同样喧闹的人群，它索性更起劲地鼓噪，以求“共振”。无论如何，同处一片天空下，人与蝉已经和谐共处了。

南方的盛夏，不是烈日炙烤，就是大雨倾盆，每当此时可谓身处水深火热之中。而蝉鸣穿插其间，成为泰戈尔诗中“世界给我以苦难，而我报之以歌”的绝佳诠释。若说夏日这部大片，盛放的花蕾、蹁跹的衣裙和蝴蝶翅翼制造了豪华的视觉盛宴，那么蝉则提供了夏日绮丽的配音。那长一声、短一声、高一声、低一声的鸣叫，拉锯般永不停歇，使翩然来临的夏日更加喧闹、更具声势了。

多年来每逢暑期往往出行，旅途中的种种大都模糊，唯曾经相伴的蝉鸣依旧丝丝入扣。

那年上井冈山，在龙潭的山道上曾惊叹于蝉声竟有如此大的能量，仿佛架了巨大的管风琴在演奏，漫山遍野的草木都随着应和共鸣。我一度怀疑那不是蝉声，因为完全颠覆了固有的印象。夜晚在茨坪露天消夜，有人在一旁飙歌，高音喇叭里的号叫震耳欲聋，一浪高过一浪，忽闻嘹亮的蝉声碾压过来，穿透阵阵号叫，让我相信在井冈山，蝉轻易不会让出自己的舞台。

还有一次去地处粤北的南华寺，发现寺内矗立着一排排遮天蔽日的水松，据闻这些水松已有半个世纪的树龄，而蛰伏其中的蝉鸣响亮而通透，竟与不时传来的声声梵音应和。蝉与禅同音，该不是栖息在这些水松上的蝉已然参禅开悟，早已脱离肉身的沉重，因而那鸣叫里才有心无挂碍、无拘无束的机锋。

南方与北方的蝉声其实迥异。儿时有段日子曾在西北生活，得知当地并不像诸多地方将蝉称为知了，而唤作“五音”。某年盛夏驱车前往坐落于陇东的子午岭，大家都在宾馆里聊天喝茶，我独自出去，在据说是当年的秦直古道边盘桓，忽闻白杨树上蝉叫个不停，毋庸置疑发出的是“五音”——那声音仿佛一遍遍在喊着：“谁说我五音不全，听啊听啊……”

我一直不明白蝉小小的身躯缘何会有如此丰沛的肺活量，科学解释说，蝉卵要在地下经过数年孵化，才会在某个夏天拱出土皮蜕化成蝉，其寿命也就短短数月，不过一个长夏而已。如此说来蝉是为夏日而活的。有人说没有谁比蝉更懂得夏天。也许正是因为蝉这些生灵的存在，夏日才变得有声有色。

曾看过一部描写日本武士的电影《蝉时雨》，改编自日本作家藤泽周平的小说，原著未读过，电影情节也早已淡忘，一直记得的倒是片中丝丝缕缕的蝉声。那蝉声暗合着武士的心境和际遇时起时伏，一如现实中的阵阵透雨时簌时歇。

电影中将蝉声喻为雨声，的确称得上神来之笔。细想蝉声与雨声还真是神似。一旦倾泻起来，直如阵雨般恣意妄为，嘈嘈切切争先恐后，让你根本无法分辨究竟哪里才是真正的发源地，头顶还是远处，也许你站在哪里就在哪里，说是无处不在也不觉夸张吧。

不可否认，蝉声起处，便有清凉萦绕心头，这与飘然而至的一场骤雨何其相似。若非麻木，赤日炎炎，这样的一场雨该是何等及时。盛夏越是溽暑逼人，蝉声就越是清澈响亮，仿佛从远方挟来缕缕雨丝，就如多年前那个盛夏我在南华寺所体味的，站在已近半世纪的树荫里，当阵阵蝉声覆盖头顶，我已然无法分辨那份清凉是来自树荫抑或蝉声。其实，宋人周邦彦在《鹤冲天》中早就写过："梅雨霁，暑风和。高柳乱蝉多。小园台榭远池波。鱼戏动新荷。薄纱厨，轻羽扇。枕冷簟凉深院。此时情绪此时天。无事小神仙。"

夏日终将随风而逝，就让如雨的蝉声尽情倾泻吧。

野草莓

忽然想起了野草莓。

终日沉浮在都市的烟尘里，被生存的压力挤压着，往往不知身在何处今夕何夕，照理我不该想起这与现实生活风马牛不相及的东西。然而，这个星期天的上午，我却无端想起了野草莓。

她藏匿于遥远偏僻的角落，记忆深处的一个寂静无人的山谷。长路迢迢，我只有穿越时光隧道，回到童年，才能看见她神秘的微笑。

那是一个放学后的下午，夕阳涂抹在群山之间和我们一张张稚气十足的脸上。这时我们都不回家，而是蛰身钻进寂静的山谷，去寻找想了整整一年的野草莓。野草莓并不能轻易找到，她不长在谷口、路边，而是躲藏在一株株草叶之中。随着我们的深入，山谷里渐渐黯淡下来，一股神秘、恐怖的气息四处弥漫。我们分散在山谷中唯一的小道上，一阵弯腰费力地搜索，终于听见有人惊喜地大叫："我找到了！"大家立即围拢在他的身旁。那是一颗鲜红欲滴的草莓，被草叶精心包裹着，还沾着露水哩。于是，大家都获得了希望，重又分散开来……先是一颗，接着又发现了一颗，再走几步，又有更多的在一株株草叶之间等着我们。这中间不独是小粒的，偶尔也有一颗硕大的，就像一张粉嘟嘟的脸，被几瓣叶子小心地捧着，在朝我们神秘地微笑。送进嘴里，那一股甜蜜的滋味，能让我们幸福地闭起眼睛……不知在寂静幽深的山谷逗留了多久，待想起回家的时候，我们每个人的手中都捧了一大把草莓。我们当然不舍得一个人独吞，而是要带回家与全家人分享。

这已是极为久远的童年往事了。流年似水，光阴如梭，关于野草莓，我的脑海里仅有一鳞半爪的印象。此后，我当然也常常见到草莓，在夏天，喧闹的街头，一颗颗人工培植的草莓，在一只只塑料盒里盛装待售，虽然也够光鲜和硕大，味道却极是寡淡；我也见过一些来自异国的奇珍异果，然而都不及儿时的野草莓给人以难言的美和悠长的回味。

我为什么会在这个星期日短短的午后，无端地想起野草莓？是渴望一时片刻的宁静，还是心血来潮，忽然勾起了怀旧的情绪？

在我们长长的一生，该还有多少野草莓，隐匿于记忆中那些寂静幽深的山谷，在等着我们采撷呢。

一把排箫

我终于有了一把排箫。它是我在园博会玻利维亚人的摊档上买到的。长不过盈掌，由前后13根竹管组成，被上下两圈彩色毛线紧紧缩着，竹管上缀有一根长线和三朵毛茸茸的红黄绿小花。地道的异国情调和遥远的拉美风情。

在此之前，我从未赏玩过真正的排箫。我只通过电影里和CD光盘的封套上见过这种异国乐器。对于排箫，我的知识储备相当可怜。在一本音乐书上，约略记得这是一种产自南美的乐器，由前后两排由粗到细的竹管组成——我了解的大概只有这些。但我迷恋排箫，迷恋由那些竹管的小小胸腔里发出的天籁之声。我收有许多张排箫音乐碟，外国人、中国人吹奏的都有。在我的想象当中，排箫是来自高山之巅的音乐，小小的十多根竹管，有着一种摄人魂魄的力量，当它訇然响起时，你仿佛伫立于高高的山岩峭壁之上，任灵魂附着于山鹰的翅膀，在崇山峻岭之间、蓝天白云之端，上下翻飞盘旋俯冲……如果说萨克斯是午夜的低回，更多地带着伤感、忧郁，那么排箫便是黎明的清响，清冷、硬朗，孤独中包含着昂扬。它使我常常联想起天边的鱼肚白、初照山冈的第一道霞光，以及拂去了残留在草尖和树叶上露珠的一缕缕清风……

好了，现在让我握起这把小小的由13根竹管组成的乐器。自然我是不会吹奏的，于是摊档上那个一脸严肃的玻利维亚人为我示范。原来吹奏排箫，并不要含在嘴里，只需将竹管轻轻贴在唇上，便能吹奏出悠扬的声音。但生性愚钝的我，硬是没能学会，只能吹出简单的哆来咪发唆拉西，有时竟连声音也吹不出来。

这一点也不影响我对排箫的偏爱，常常我会握着它赏玩一番。我在想，这仅仅是一把普通的排箫吗？那个陌生的诞生过玻利瓦尔等英雄的遥远国度，现在有一把小小的竹管，传递到了我这个异国人的手上，除了那简单的音符和断断续续的声音，我是否还应该吹奏出一些别的什么曲调呢？

书室猫店长

一家小书店往往因为经营别具一格的书籍或咖啡，成为标识和招牌，但也有例外，有时仅仅因为一只驻守的猫咪，而成为书店一景，逗引读者流连忘返。

香港旺角西洋菜街，叠床架屋的一幢幢唐楼内，隐藏着一家家独具特色的小书店，这些书店因底层铺面租金飞涨，多半设在楼上，因而被统称为“楼上书店”。往往好不容易在广告牌丛林里费力地找到书店的标识，还需爬上陡峭狭窄的楼梯，才能推开一道道狭小的门扉。以往这些书店在二楼者居多，近年来却大有“更上层楼”的趋势，序言书室就设在了七楼。也许因为高居七层，多年来我竟忽略了它的存在，近来承蒙一位友人的热心引荐，才得以光顾。当然，七楼不可能再奋力攀爬，而要坐电梯上去了。

老实说，比起我常常光顾的乐文、开益、田园这些旺角的楼上书店，序言书室里的书籍算不上种类齐全，不过店面却大了许多，还开设了咖啡座。顺便一说，到了此类小书店，我总不忘喝上一杯。书店里的咖啡无非拿铁或卡布奇诺之类，但因混合了浓浓的书香，总是别具风味。去年赴台有幸住在台湾大学的一家客栈，不远处就有一家叫“胡思”的小书店，专营旧书旧刊，前来光顾者多是台湾大学的师生，在那里不但能淘到四五十年前的旧书，还有香浓的咖啡相伴。短短几天，我迷上了这家书店，也不知何时才有机会再来光顾，竟办了会员卡。序言书室也一样，在浏览了书架上的几本书后，我就办了会员卡，并与朋友各自叫了一杯卡布奇诺，还未及呷上一口，就被眼前的一只猫吸引了。

这是一只黑猫，它盘踞在一面高高的案几上，却奇怪地睁一只眼闭一只眼，也不知是睡着了，抑或在假寐。很快我发现它其实瞎了一只眼睛，那只闭合的眼睛深深凹了进去。它有着怎样不堪的身世，又遭遇了何种不幸？我向它投去关切的目光，并猜度着它的身世。它却一动不动，静静地打量四周，似乎在告诉我，放松下来静静地看书。我拿起手机，对着它连拍数张，它也不闪躲。常常见过盘踞在别处的猫，斜倚在女主人的臂弯或是松软的沙发上，一副慵懒、娇贵的神态，仿佛已随主人跻身于贵族之列，你如果想伸手逗弄，它便飞一般逃窜，伴随着被冒犯了的凄厉叫声。当然，对待眼前的这只黑猫，我还不敢造次，因为又有顾客推门而入，它赶忙起身跳了下来，似乎去迎接了。它的这种举动，让我以为它就是这家书室不折不扣的店主。事实上，收银台前，戴黑框眼镜的女店长一直忙碌着账单，根本无暇理会读者，也许正是因为有了这只黑猫的存在，她才如此安心吧。我忽然想起要找一位朋友嘱托代买的书，如果不是想起眼前的黑猫不会说话，我真的要开口向它询问了。

这只黑猫让我想起不久前读过的名叫一志敦子的日本女画家所著的绘本《小店里的招牌猫》。作者常为在小店里邂逅的招牌猫怦然心动，便矢志通过画面表现出来。她下的是与另一位日本插画家妹尾河童一样的“螺蛳壳里做道场”的功夫。为了搜集资料，准确再现小店的面貌，她会在店里泡上五六天，测量店内的每个角落，并在笔记本上绘制平面图，更重要的，她还与店内的招牌猫厮混和亲近。因此她笔下的小店不但得以真实再现，那一只只招牌猫也无一不是彬彬有礼、婀娜多姿。它们多半命运多舛，有的流浪街头，有的双目失明、命悬一线，却被好心的主人发现，治愈并且收留，它们分别有一个个形象的名字：萝莉控、奶牛、茶茶、丑姑娘……我想，这位日本女画家若是邂逅了序言书室里的猫咪，也一定会欣然想将它收入书中。

我有很长时间未去序言书室了。事有凑巧，有天我在公众号里居然看到了序言书室的消息。原来与我一样，也有许多读者在为那只小黑猫着迷，它的名字叫未未，店长一栏里赫然写着它的名字。它也与《小店里的招牌猫》的众多猫咪有着相同的际遇，是一只流浪猫，也不知它曾遭遇了怎样的飞来横祸，书屋主人遇见它时，它已失去了一只眼睛。书屋主人慨然收留了它，并将店长的职位慷慨地“让”了出来。是为了抚慰它不幸的过去，也给它一个幸福的未来——为它取名未未，是否就含有此意呢？

子午岭的猫

来到这座陇东最高的山，颇为不易。一位亲戚专门请了假，开着自己的车为我们带路。从百里外的庆阳，两辆车一行数人跨州过县，翻山越岭，一路颠簸，才“跋涉”到了这高高的子午岭。

将车径直开进一个叫秦直宾馆的院落。院落里静悄悄的，有着少有人惊扰的寂寥和冷清。除了我们的，还停着一辆某地球研究所的车。可以看出，这是一处游人罕至之地，虽然这里早已被辟作国家森林公园，但在人们的眼中恐怕还不是一个旅游景点。此前我从网上得知，秦直路遗迹恰好从子午岭通过，这里的宾馆又取名秦直宾馆，是否意味着秦直路的遗迹就在此处？但眼前尚无任何提示，无从得知。

大家坐在石凳上谈笑聊天，逗弄孩子，我一个人走出宾馆的院落。

宾馆外有一条长长的山路，一端连着我们来时坑坑洼洼的路，一端则被繁茂的树木遮蔽，不知通向何方。

立秋刚过，路旁落满树叶。在被铁丝网围起的密密匝匝的树丛里，我认得有北方特有的油松，缀满串串沉甸甸的松塔；还有熟悉的白杨，我听见一只“叫哥哥”趴在上面鸣唱。而在更高处，叫不上名字的树上，回响着高亢、持续不断的蝉鸣。我要说，西北的蝉鸣与别处迥异，那声音是吐字清晰的“五音”，而非一串单调而拉长的鸣唱。一声声“五音”在这夏日业已撤离，秋日大举来袭的时节，充满了留恋、依依惜别的况味。

在路旁撒满黄色小花的地方，我弯腰扒开一块土坷垃，立时一只只蚂蚁四散溃逃，背负的食粮也弃之不顾，显然我轻易毁掉了一处蚂蚁的家园。曾读过《南柯太守传》，我常常喜欢扒开蚁穴，观察蚂蚁的生活，仿佛想从中悟出什么。记得一次与同事在南粤三门岛休假，我扒开一块土坷垃，看到一队队忙忙碌碌觅食的蚂蚁，忽然心有所动：这活生生就是我们这些单位中人的真实写照。当我对同事提及这一发现，大家面面相觑。是不满于我将大家比喻为可怜的蚁群，还是从蚂蚁身上看到了自身命运的不堪？

突然手机响了。这手机在我所居住的喧闹城市中总是断断续续，时有时无，在这遥远而偏僻的山野却如此清晰。是一位同事打来的，打探我赴澳门的通行证有无办妥，何时进军赌城将上次的血本捞回。我懊恼这丧气的电话打破了山林的寂静，也打破了此刻的兴味，我愈发坚信我们与土坷垃下那些匆匆觅食的蚁民们无异。

往回走时，在宾馆外的石墙下，发现卧着一只褐色小猫，见我在注视它，它马上警觉地睁开惺忪慵懒的睡眼。这是一只流浪的野猫，还是宾馆喂养的宠物？可以想象，在这高高的子午岭，它寂寞而孤独，没有同伴相互之间的厮打和嬉闹，也无城市主妇那浑圆手臂温柔的抚摸，于是，倚在墙边，伴着秋蝉悠长而响亮的鸣唱，常常打个盹，做个清梦，便成了一天里至高的享受。此刻，它显然对我这个冒失的闯入者惊扰它的清梦心生不快，并对下一刻将要发生的一切保持足够的警觉，那晶亮的眼睛圆睁着，一动不动，与我长久地对视，见我稍一靠近，便撒开两腿逃开了。

蛇之一瞥

蛇应该是人们眼中最为恐怖和丑陋的动物之一了，瞧它竖起扁扁长长的脑袋，吐露火焰一般跳跃的蛇信子，小小的眼睛闪着诡异而狡黠的光，那细长的身体即使弯曲着，也俨如一根坚韧的鞭子。每每在电视中看到这一幕，我往往会闭上眼睛，或者转过身去，心中则会涌出说不出的恐惧和恶心。

大概人们对蛇的恐惧和厌恶由来已久。这不仅仅因为蛇能分泌令人致命的毒液，还有一个重要的因素恐怕还是蛇那极端丑陋的外观。老虎素有大虫之称，虽也能置人于死地，但因为威风凛凛，人们往往对其生出景仰之心。即使是含有致命毒液的其他动物，人们对其恐惧的程度也远不及毒蛇。面对蛇，我们在惊叹万物奇妙的同时，也会充满疑惑，造物主为何造出了一个如此委琐和怪异的家伙？

后来在阅读《圣经》时，我找到了答案，原来蛇是魔鬼的化身，即蛇是魔鬼撒旦变身而成。蛇因引诱夏娃偷吃善恶树上的禁果，而被上帝逐出伊甸园，蛇也得到了应有的下场。《圣经·旧约》中如此描述：“神对蛇说：‘你既做了这事，就必受诅咒，比一切牲畜野兽更甚。你必用肚子行走，终身吃土。’”也就是说蛇之所以有今天的面貌，实在是罪有应得。至于魔鬼究竟应该呈现何种形象，人们有“画鬼容易画虎难”一说，描绘起来不难，因为谁也不曾见过魔鬼，便可胡乱想象，任意臆测，但这往往很不可信，也极易造成混乱，而将魔鬼的形象化身为毒蛇，不但极妥帖地凸现出其邪恶本性，也将一个原本十分混乱的物象清晰化了。

对蛇的认识，我们当然不会忘了伊索著名的《农夫和蛇》。人们总是因为自己的愚行和轻信，付出昂贵的代价。这个家喻户晓的寓言故事，再明白不过地告诉我们蛇之所以为蛇的原因，不管在什么情形下，我们都不可忘了蛇的名前冠有一个“毒”字。

在不算长的半生中，我个人也曾有过与蛇“狭路相逢”的遭遇。那一幕可追溯至儿时，一个夏日，我和姐姐结束了在学校疲惫的一天，行走在回家的路上。时近黄昏，砂石路已变得模糊不清，我走得昏昏沉沉，突然眼尖的姐姐一把抓住我，并大叫了一声：“蛇！”我定睛一看，原来脚下盘曲着一条蠕动的蛇。要命的是我当时穿着短裤，双腿裸露，假如不小心一脚踩下，后果将不堪设想。我们吓得面无人色，只顾没命地跑，生怕它会突然追了过来。跑着跑着，以至在路上碰上了校长大人，我们也没有表现出应有的敬意，只含混不清地告诉他碰上了蛇，便飞快逃走了。

这是我唯一一次与蛇的狭路相逢，时隔多年，现在想起，仍会有一丝恐惧掠过。后来，我也常常在山中盘桓，却再也未与蛇遭遇过。倒是偶尔在山道上见到透明而美丽的蛇皮，那是冬眠后苏醒的蛇蜕化后留在山道的。但已不含恐惧的成分了。

人人对蛇怀有莫名的恐惧和憎恨，却似乎并不影响对蛇某种程度的亲近，这足以反映出人与蛇之间存有一种极其复杂微妙的关系。人们常常在网上看到蛇与女星亲密接触的艺术摄影，以体味其中所制造的奇异效果，人们甚至在报纸上读到少女与蛇同眠的消息，也有先睹为快的冲动。但人们对蛇的征服，体现最明显的还是在餐桌上。蛇肉成为一道极受欢迎的盘中物，多年来都未有衰落的迹象，很多人都能通过蛇肉，享受到美食的乐趣。但也许是受《圣经》的影响，我本人一直视蛇为不洁之物，每每在酒桌上见到大盘堆起的蛇肉，便不忍下箸。

不管人们抱着何种心态，可以肯定的是，蛇现在是越来越少了。我指的是那种真正游弋隐匿在山间草丛的蛇。即使你怀有猎奇之心，无性命之虞，在野外也未必能遇到了，更不要说是那种难得一见的眼镜王蛇了。

说俄语的乌鸦

凡·高名作《麦田上的鸦群》里，金黄的麦田与成群的乌鸦似乎产生了共振，或者说形成了戏剧般的张力，在这里，乌鸦仿佛代表了大自然的威力，倏然惊飞，便搅动起无边麦浪，犹如翻江倒海一般。后来黑泽明在《梦》一片中还原了这一梦幻般的片段：由马丁·斯科塞斯扮演的凡·高，仿佛听从了某种召唤和指引，身背画夹满面风尘扑向滔滔翻滚的麦浪，蓦然间成群的乌鸦惊起，呱呱鼓噪着，在麦浪的上空上下翻飞，一时间乌云般黑压压席卷画面。片中的凡·高唯有呆立着一动不动。

来到俄罗斯，方知这样的画面并非仅仅存在于艺术作品里，在荒野郊外，在辽阔的田野，不过是寻常的风景。

在幅员辽阔的俄罗斯，乌鸦与白桦林、石头（教堂）一道，构成了视野里最基本的自然元素。往往伫立空旷处，一眼望去，在疯长的白桦林、耀眼的教堂金顶这些背景的衬托下，不时就会发现鸦群盘旋的身影。哪怕走在空寂无人的旷野，冷不丁也会惊起不知栖于何处的乌鸦，蓦地飞上高空，扑棱棱甩下一串刺耳的聒噪，渐渐消失于森林的边缘。

乌鸦，鸦科类，一身黑衣，在我们根深蒂固的文化里，往往被视为凶鸟、不祥之鸟，似乎专为报丧而存在，并同时被附加了种种恶名，俗语里就有“乌鸦嘴”之说，将其“坏名声”传播四方。人们看见乌鸦，最直接的反映是晦气、不吉利，避之唯恐不及。与此对应的喜鹊，在人们眼里，则是吉祥物，专司报喜之职，恨不能天天有喜鹊上门。而在俄罗斯，二者际遇迥然有别，喜鹊往往不受待见，是造谣、爱嚼舌根的化身，乌鸦则以春之使者的化身出现，维系着人与自然的牵连和联系，漫长的严冬过后，人们通常通过乌鸦来接收春天的消息。翻开广受欢迎、屡屡被选入中小学教材的苏联时期的科普读物《森林报》，其作者——科学家比利斯告诉人们：在俄罗斯广袤的大地上，首先是“秃鼻乌鸦揭开了春之幕。在雪融后露出土地的一切地方，都出现了成群结队的秃鼻乌鸦”。“秃鼻乌鸦在我国（俄罗斯）南方过冬，它们十分匆忙地回到我们北方——它们的故乡——来了。在路上，它们遇到了不止一场冷酷无情的暴风雪，几十、几百只秃鼻乌鸦都筋疲力尽，都死在半道上了。”看来乌鸦就是俄罗斯北方大地上不折不扣的春之使者。

这就难怪在俄罗斯，为何人们对乌鸦往往听之任之并与其长期和平共处，相安无事，当然也不得不忍受乌鸦带来的种种滋扰。据闻乌鸦会将坚果放在路中间让汽车为它们碾压，还会有意点燃森林大火以助捕食。曾读过《每日邮报》的一则报道，俄罗斯有两名女子拿了一些面包招待一只飞来的乌鸦，孰料贪婪的乌鸦不为所动，却趁人不备，叼上一个咖啡勺，夺窗飞走了。

徘徊在莫斯科郊外，有时遇见这些硕大的乌鸦，我怀疑它们就是从克雷洛夫寓言里飞来的。它们带着寓言里主角的光环，一身狡黠之色，发出的聒噪里仿佛含有古老的智慧和训诫。但翻阅克雷洛夫寓言集，我失望地发现，乌鸦却是不甚光彩的角色，自作聪明又愚不可及，在狡猾的狐狸面前只能甘拜下风，最典型的莫过于一则《乌鸦和狐狸》的寓言：一只口含奶酪的乌鸦，竟遭狐狸算计。狐狸为了得到这一小块奶酪，诱骗乌鸦道："你只要开口，就是天使的声音。"乌鸦不知是计，开口唱起歌来，奶酪掉了下去，马上被狐狸叼走，飞奔而逃。

不过在契诃夫的《白乌鸦》里，一只白嘴鸦摇身一变，却成了智者和道德说教者。这篇短小精悍的作品，通过人与鸦的对话，借一只很有气派的白乌鸦之口，对人类的种种愚行，进行了无情的嘲弄。这只白乌鸦已经活了三百七十六岁，作者嘲笑它如此长寿，还像三百多年前一样愚蠢，只管吃喝睡以及繁殖后代，孰料白乌鸦反唇相讥道："人类先生，智慧并不是靠寿命长得来的，而是靠所受的教育和文化程度得来的。"在历数了人类的种种愚行后，这位白乌鸦先生不禁生出无限优越感，继续滔滔不绝地揶揄："我们虽然愚笨，但聊以自慰的是，我们活在世界上的这四百年前，干的蠢事要比你们人类四十年内干的蠢事少得多。我没有一次看见白乌鸦之间开战打仗或相互残杀，我们既不诽谤中伤，也不恫吓讹诈。我们中间没有阿谀奉承者，也没有奴颜婢膝者，更没有出卖基督的犹大……"

这只能言善辩的白乌鸦，也算为克雷洛夫笔下的乌鸦家族正了名。契诃夫后来在居住在梅里霍沃期间写给高尔基的信中，也提到了白乌鸦："我现在住在梅里霍沃自己家里。天热，白乌鸦在大声鸣叫，不时有农民来看我。我的生活并不枯燥。"梅里霍沃曾是契诃夫购置的庄园，位于莫斯科以南树木茂密的近郊，看来不时造访的白乌鸦不但给了契诃夫写作的灵感，也为他乡间的生活增添了生趣。

我也想与这样一只会讲俄语、智慧而狡黠的乌鸦对话。春天降临圣彼得堡的一个上午，我来到了夏花园。太阳高照，天蓝得令人眩晕，草坪柔软得仿佛有了弹性。乌鸦也闲不住了，纷纷栖落在草地上。几步开外，我就发现了两只，它们似乎并非来此觅食，只是想在柔软的草地上踱步。对于我的存在，视若无睹，甚至未曾正眼打量一下。一旁的我好奇心陡增，靠近几步，想上前打声招呼。两只乌鸦不为所动，一前一后迈开小步，向前跳了跳。我不甘心，又趋前几步，它们依旧漫不经心地踱步，却有意识地要与我拉开适度的距离。

于是我不再靠近它们，看着在几米开外的地方，阳光抚摸的草地上，它们飞来飞去，蹦蹦跳跳，仿佛自顾自地练习着春天的小步舞曲。我终于恍然大悟，要想亲近乌鸦是徒劳的，它们对人类不感兴趣，自然也不想被人类打扰，也许它们就像契诃夫笔下的那只白乌鸦，在骨子里瞧不起人类。

除了草地、树林、空旷的耕地，难以想象的是教堂四周，也是乌鸦流连之所。十九世纪俄罗斯现实主义风景画奠基人阿列克谢·萨夫拉索夫的《白嘴鸦归来》，似乎隐喻了乌鸦与教堂隐秘的联系。画中，皑皑雪野，寒气袭人，几棵白桦艰难地挺立着，越过一排排屋脊，清澈澄明的晴空下，映衬着教堂峭拔的身影。晚祷的钟声隐隐传来，不堪重压的树枝间，一时间落满黑压压的白嘴鸦，有的仍在空中上下翻飞，伺机在枝条上栖身……这幅俄罗斯美术史上的“划时代意义之作”，标识了其后俄罗斯风景画艺术创作的美学风格，无论有意抑或无意，画家抓取俄罗斯教堂的风景，都让画面里的白嘴鸦，成为回味悠长的神秘符号。

事实上，无论是在莫斯科金环小镇，还是遍布圣彼得堡具有巴洛克风格的修道院，只要钟楼的钟声悠悠传来，都能召唤出乌鸦盘旋的身影。细雨绵绵的上午，在谢尔吉耶夫镇游人如织的广场，钟声响起，成群的乌鸦扑棱棱飞来飞去，伴着阵阵聒噪，其壮观和规模，不亚于希区柯克《群鸟》里营造的场景。不过，它们倒不像电影里的乌鸦，会对人类构成致命的威胁，它们只是在此找到了自己的寄身之所。成群的乌鸦有的栖落在金色穹顶、墙堞；有的则俯冲下来，掠过游客的头顶，然后在某一空旷处大摇大摆地来回踱步；有的则夹杂在一群鸽子中间，但决不像鸽子那样屈尊就驾，争先恐后地争抢游人抛来的面包屑，恰恰相反，乌鸦往往不屑一顾，大有不食人间烟火之态。

偌大的广场的中心矗立着高大的圣像，许多游人都在圣像前合影，几只乌鸦也悄悄出现在底座周围，徘徊着。忽然我看见一只乌鸦悄悄飞上圣像头顶，一动不动，长时间不肯下来。我猜度它究竟意欲何为，仿佛为了回应我的疑问，转眼间它又贴在圣像的耳畔，轻轻低语。它是在忏悔和祷告吗？一时间，圣像仿佛复活了，神情栩栩如生、活灵活现，口中也念念有词，乌鸦则不住点头，已然心领神会……

蓦地，这只乌鸦飞上高空，甩下一串响亮的鸣叫，仿佛要向人间发出宣示。

“我只害怕托尔斯泰”

有一次，为了拜访托尔斯泰，在出发前，对于该穿什么样的裤子，契诃夫考虑了整整一个小时都无法决定下来，他换了一条又一条，都不满意。

穿上窄的，他想托尔斯泰肯定要说：不像话，这个蹩脚作家。而换上宽的，他怀疑托尔斯泰又会说快赶上黑海了，这个无赖……

契诃夫为什么会对托尔斯泰的感受如此在乎呢？这也许可从契诃夫的谈话中找到答案。

有一次契诃夫对蒲宁满含深情地说：“我只害怕托尔斯泰。您想想吧，是他写出了这样的文字，说安娜（《安娜·卡列尼娜》的主人公）感觉到，看到自己的眼睛在黑暗中放光！”

看得出，这是一种由满含敬意所衍生的“害怕”。应该说，这种对托翁的“害怕”一直深藏于契诃夫的内心，并伴随了他的一生。在另外一个场合，契诃夫曾不无失落地说：“他（托翁）蔑视我们这些作家，或者不如说，把我们看得一钱不值。他有时夸赞莫泊桑、库普林……为什么？因为他把我们当孩子一样。我们写的短篇、中篇、长篇小说，在他看来都是儿童游戏。”

能够想象吗？这是那个已写出了《带哈巴狗的女人》和《草原》等旷世名作的人，那个说过“大狗有叫的权利，小狗也有叫的权利”名言的人，可是在讲此话的时候，他腼腆害羞得就像是一个做错事的孩子。

无独有偶，蒲宁，这位在俄罗斯文坛一向“清高”、独来独往的贵族作家，对托尔斯泰也同样怀有这种高山仰止的敬意。在他1927年旅居巴黎时所撰写的回忆录中，仍以无比崇敬的笔触追述了自己年轻时追随托尔斯泰的心路历程。

19世纪20年代的俄国，托尔斯泰绝对称得上是一个光环笼罩的明星，这不仅因为他为世人奉献了《战争与和平》《安娜·卡列尼娜》《复活》等皇皇巨著，还因为他那朴素的“托尔斯泰主义”所辐射的灼人光芒。当时许多人都以成为他的信徒为荣，醉心于他的清教徒思想，渴望在大自然中依靠自己的劳动，穿粗鄙衣衫，吃简单食物，与穷人成为知心朋友，过一种纯净、健康、善良的生活。当然，有些人也纯为赶时髦，附庸风雅，含有作秀的成分，充其量只是伪托尔斯泰主义者。身为贵族的蒲宁，之所以愿意参与其中，也是为了有朝一日能够接近托翁，不幸的是他遇人不淑，也一度与这些伪托尔斯泰主义者为伍。

但在历尽种种曲折后，一个天寒地冻的雪夜，年轻的蒲宁终于如愿以偿，见到了自己朝思暮想的偶像。

在回忆录中，蒲宁极为细腻地描述了自己第一次见到托尔斯泰的情景：“我发现那双小眼睛根本不可怕，也不锐利，只是像野兽一样机警，稀疏而灰白的头发，学农民的样子从中间分开；耳朵很大，而且高得不寻常；两道眉骨低低地压在眼睛上；胡子枯干、稀疏、不齐，透过胡子可以看见他那微微翘起的下巴……”

这是蒲宁初次见到托翁的印象，它也许打破了一个忠实信徒对自己偶像在未谋面前所产生的神秘感，然而事后回想起来，蒲宁在回忆录中供述：“不知怎的，这位老人还是让我觉得害怕。”

又是害怕，与契诃夫有着同样的害怕。

单看面相，托翁的确叫人望而生畏，正如蒲宁所描述的：“他的面孔是瘦削的发黑的严厉的，仿佛用青铜铸成。他的那双小眼睛，发着灼人的野兽般的光……”的确，作为寻常读者的我们，面对托翁的照片，注视久了也会感到那目光是一种逼视，也一样会不寒而栗。

但契诃夫和蒲宁的“害怕”既非出于这一简单的原因，更非托尔斯泰是什么权倾一时的达官贵人，可以主宰左右他们的命运，他们害怕是因为他们面对着一个写出了《战争与和平》《复活》等巨著的文学巨人，他们害怕是因为他有着父亲般的威严，他们害怕是源于一个作家对另一个作家的仰慕和热爱。

这种“害怕”未曾掺杂丝毫的那种自古亦然的文人相轻，而是升华了的高蹈的精神境界。

恐怕在所有的领域，天才巨匠进行一往无前的跳跃和跨越之际，他们的面前都横着一道看似无形实则有形的标杆，最终不管他跳跃了多高，仰仗这道标杆，他都可以记录自己所能达到的高度。

显然，契诃夫和蒲宁都不约而同地将托尔斯泰，当作自己艰难而漫长的写作跋涉中，一道高高矗立的标杆。

坐在路旁的契诃夫

拜摄影技术之赐，契诃夫这位被爱伦堡誉为俄罗斯最具人道主义的作家，留下了各个时期的影像。但无论拍自他的青年时代，还是常常戴着夹鼻眼镜的中年，乃至他生命晚期的最后岁月，那些照片往往都投射出契诃夫的隐忍和冷峻，以及面对世界的悲悯和善意。一如俄罗斯同时代画家勃拉兹为契诃夫留下的那幅著名肖像，这完全契合读者心目中的契诃夫形象。

还有一张照片，却被人们忽略了。画面里，契诃夫坐在菩提树林荫道旁的长椅一角，他没有戴那副辨识度极高的夹鼻镜，而是头顶太阳帽，低垂着头，因被帽檐和阴影遮挡，看不清他的面容和神情，仿佛陷入了沉思。他大概坐了很久很久，也不准备挪动一下。这让我们似乎看到了一个与通常留在书本上的契诃夫迥然有别的形象，或者说展现出了他的另一侧面。

照片拍摄于1892年5月，梅里霍沃庄园。出生于1860年的契诃夫，这已是他由青年迈向中年的时期。从20多岁起相继出版了《梅尔柏密尼的故事》《五颜六色的故事》《在黄昏》等中短篇小说集，并获得俄罗斯科学院授予的普希金奖金，契诃夫俨然已成为俄罗斯文坛一颗冉冉升起的新星。照片中的契诃夫，也正处于他人生的这一高光时刻。

1892年，对于契诃夫乃至他的全家，都是一个非同寻常的年份。契诃夫倾尽所有，加上银行抵押贷款，以13000卢布的价格在莫斯科以南70多公里的梅里霍沃购置了一处庄园，从而有了真正属于自己的房产。此前，契诃夫一家一直辗转在莫斯科和外省租住的房屋之间。1892年搬到梅里霍沃，也意味着契诃夫全家终于结束居无定所的日子，迎来了全新的生活。

梅里霍沃庄园地处乡村，占地213俄亩，其中100多亩是树林，这里的房子也相当宽敞。“花园中有菩提树林荫道。有苹果树、樱桃树、李树、覆盆子树。”1892年3月刚搬进庄园不久，契诃夫就抑制不住欣喜的心情，去信向他的好友、《新时报》出版人苏沃林发出了邀请：“您什么时候到我这儿来？在报喜节以前乘雪橇来？还是节后坐车子来？我们差不多已经把房子完全打扫好了……”

搬入梅里霍沃后，契诃夫一家便开始耕地、播种、整理果园和修缮房屋，契诃夫还要为邀请来的一批批客人忙碌。但比起契诃夫即将投入的医学事务和社会活动，这些又算不上什么。

身为作家的契诃夫时刻不忘医生是自己的主业。“文学是我的情人，而医学是我的妻子”，契诃夫曾经留下的这句名言，印证了医生在他心目中的真正位置。几乎与搬到梅里霍沃同步，他马上就在家中开办诊所，并在方圆25公里左右的地方出诊行医。契诃夫所处的沙俄时代，乡村医疗条件极为简陋，当听说梅里霍沃庄园的主人是一位医生，那些生病的农民纷纷从很远的地方赶来，排着队等候契诃夫为他们治病。看到那些农民极为贫困，契诃夫往往免费治疗，甚至还出资为他们提供药品。契诃夫的妹妹玛丽雅·契诃娃在回忆录《遥远的过去》中记录了当时的情景：

我们梅里霍沃的家成了地地道道的医院候诊室。安东·巴甫洛维奇（契诃夫）规定上午候诊，所以，每天天刚蒙蒙亮，病人就坐在我们家院子里候诊了。有许多人是坐马车从别的村子来的……安东·巴甫洛维奇除在庄园里接诊外，还常常到农民家里给重病人看病，甚至还要到其他村子去出诊。有时候深更半夜人们把他从床上叫起来，不是去接生，就是去看必须急救的病人。

1892年5月，梅里霍沃所在的谢尔普霍夫县爆发霍乱，契诃夫出于自愿，分文不取，成为当地自治会一名不在册的防疫医生，奔走于乡村和工厂之间，担负起救治的重任。当时的情景正如契诃夫在给友人的书信中描述的："我被派做地区防霍乱医生。我的事情多得不得了。我要到各个村子和工厂去……25个村子都交给了我，可是我一个助手也没有。""我们像野人一样工作。""……治疗霍乱尤其需要医生慢慢来，就是说每天花5到10个小时在病人身上，甚至更多。当我治疗一个病人时，也许另外10个正在染上这种病并且死去……"此年的整个夏天和秋天，契诃夫全身心投入霍乱的救治，根本无暇回到书房，以致完全中断了写作，无疑这对于身为作家的他是极为痛苦的，在另一封写给友人的信中他诉说了自己心中的焦虑："在谢尔普霍夫所有医生中，我是最可怜的，没有一戈比，很快筋疲力尽，尤其是我无法忘记必须写作，我真想朝霍乱猛啐几口，然后坐下来写作。"

可抱怨归抱怨，转眼到了第二年夏天，当霍乱再度流行时，契诃夫再次成为地区医生，投入救治工作。他曾开玩笑说，他又去“揪霍乱的尾巴”了……正是由于契诃夫和当地医生们不辞辛劳忘我地付出，霍乱最终被遏制，但一直到1898年离开梅里霍沃的6年间，契诃夫仍以更加惊人的热情投身于给当地民众带来福祉的社会活动：他忙于履行谢尔普霍夫地方自治会成员的职责，开会、参加法庭的陪审团；为梅里霍沃筹建学校；检查工厂的卫生状况；致力于恢复当地邮局，修复到梅里霍沃的道路以及修复梅里霍沃教堂的大钟；参加全国人口普查工作，甚至为故乡塔甘罗格的图书馆收集图书……

须知自1884年起，契诃夫就已是一个遭受肺结核菌侵袭的病人，时不时会大口咯血……

如何看待契诃夫的行为呢？也许可通过他的书信找到答案。

1891年也就是搬到梅里霍沃的前一年，他在给苏沃林的信中写道：“如果我是个医生，我就需要有病人和医院；如果我是个文学家，我就需要生活在人民中间……需要有一点儿社会生活和政治生活，哪怕很少一点点也好。”

契诃夫还曾在另外的信中吐露过心迹：“如果每个人身后都会留下一所学校、一口水井或类似的东西，让自己的生命在消失后留下一点痕迹，这就很好了。”

契诃夫短短的一生，并不热衷于什么思想和主义，也从不相信漂亮而空洞的口号，他是一个行动家，更愿意身体力行，以自己的善举和实践来施惠他人，为公共福利尽力。而行医和投身社会活动，就是他实现生命留下一点痕迹的方式之一。如果再联系此前的1890年，他不畏艰险只身远赴远东，穿越西伯利亚，探访关押流放苦役犯的萨哈林岛，就不难理解他的这种行为了。

俄罗斯同时代诸多与契诃夫相识的作家、艺术家都在回忆里，不吝赞美之词称道过他非凡的善良和善行。一位作家如此写道：“与契诃夫有过亲密接触的人都知道，在他身上有如此多的怜悯心，他在生活中做了多少不事张扬的善事。”

如果驻足凝视，眼前这张拍摄于1892年的影像，也极为准确地抓取了契诃夫当时投入梅里霍沃霍乱救治间隙的倦容和苦状。尽管契诃夫微微低着头，但凝视照片久了，就会有一种错觉，即使他缓缓抬起头来，恐怕也是一脸的倦容和焦灼。

从拍摄的视角推断，照片中的契诃夫的坐姿和神态并非摆拍，而是拍摄者恰好路过这里，看到契诃夫低头陷入沉思，长久保持着这种姿态，以至有人在周遭走动，他也没有发觉，于是拍摄者悄悄按动了快门。

再看照片的背景，树木蓊郁，绿荫匝地，春天的气息溢出了画面。契诃夫曾在生前发表的最后一篇作品《未婚妻》里，捕捉了主人公娜佳深夜独坐花园，面对春天来临时的心潮激荡：“现在有五月的气息了，可爱的五月啊！你深深地呼吸着，热切地想着：眼下，不是在这儿，而是在别的树木的地方，在天空底下，在树木上方，远在城外，在田野上，在树林里，春天的生活正在展开，神秘、美丽、丰富、神圣，那是软弱而犯罪的人所不能理解的。不知因为什么缘故，人恨不得哭一场才好。”

俄罗斯北方的春天往往姗姗来迟，又稍纵即逝。当春天的气息扑面而来，对大自然极为敏感和热爱的契诃夫却来不及像其笔下的娜佳那样恨不得哭一场，甚至来不及呼吸几口树木的清香，就要马上起身，匆匆奔向乡村和工厂，去揪“霍乱的尾巴”了。

100多年后，“春天的生活正在展开”的五月，我也有幸来到了俄罗斯的天空下，但我的行程仅限于在莫斯科和圣彼得堡双城走马观花。日程紧迫，身不由己，我不但连莫斯科城中的契诃夫纪念馆都未能前往，就是契诃夫地铁站也只能远远打一个照面，遑论去探访远在莫斯科城外的梅里霍沃庄园。有时伫立在一棵苹果树下，或者眺望远处的白桦林，我只有如此幻想，也许契诃夫曾来过这里悠闲地散步，或者坐着马车匆匆驶过。

据闻在契诃夫辞世20多年后，梅里霍沃的房屋大部分已遭损害，人们照原样重新修复并把它建成了一座契诃夫纪念馆，并一直保留到了今天。可以说来到那里，在蓊郁茂密的树林遮蔽下，人们依然可以大口呼吸契诃夫居住时这里的花香和树木的气息。其实，也不只在梅里霍沃，以我在俄罗斯有限的观察，无论城中或者郊外，似乎都能轻易找到契诃夫乃至托尔斯泰、屠格涅夫、列维坦等俄罗斯艺术大师曾描绘的作品原型和背景，一望无际的森林、头顶上空大朵大朵的积云、发光的池塘、惊飞而过的椋鸟、沐浴在余晖里的教堂金顶，以及来自辽阔大地的深沉呼吸，这一切都让我似曾相识，如今来到这里仿佛是重温。

在这片广袤土地上生活的人们，春天一到，也仿佛从冬眠中苏醒，纷纷投入到公园和户外，在白杨夹峙的林荫道散步，在路旁的长椅上晒太阳，在绿莹莹的草地上遛狗，以及准备着在即将到来的盛夏前往郊外或森林深处的木屋去消闲和度假。“只想着那个也许已经很近了的时代，到那时候，生活会跟这个宁静的星期日早晨一样的光明畅快。”在契诃夫《出诊》的末尾，主人公科罗廖夫曾如此畅想。是的，在明媚的春光里，自由地呼吸，让未来的生活变得光明畅快，正是契诃夫通过诸多作品，以及一生投身的公共福利事业所孜孜以求的梦想。

坐上大巴驶往莫斯科郊外，总能在窗外蓦然发现一辆老旧的蓝色电车兀自慢悠悠地晃荡。比起城区，这里的绿意和春天的气息更加恣意妄为，疯长的草木几乎淹没了铁轨，渐渐一簇簇灌木丛也吞噬了电车的身影。这让我疑心这辆有轨电车正驶往梅里霍沃，驶往春天的深处，驶往100多年前梅里霍沃那个花香缠绕、绿荫覆盖的时刻。是的，也许契诃夫依旧坐在春天菩提树林荫道旁的长椅一角，低头沉思，或者抓紧在繁忙的救治间隙喘一口气……

如果你正好从他的身旁走过，请放慢脚步，不要惊扰他。

契诃夫和獴

契诃夫是一个喜爱动物的作家，在其不少作品中都不吝笔墨地描写过动物，最著名的莫过于《苦恼》：一个在冰天雪地赶车的车夫，无人理会他的苦恼，他只好回到马厩，转向拉车的小母马倾诉衷肠。还有《卡西坦卡》，他通过描述一只狗的生活，寄托了对狗的怜爱。

现实生活中，契诃夫也对动物关爱有加，他曾从冰冻的厕所里捡回一只瘦弱的流浪猫，收养在家。孰料当初这只楚楚可怜的猫过了几年后，竟生得威风凛凛。“谁想得到，从厕所里竟会走出这样一个天才……”契诃夫这句用来感叹流浪猫的话，后来在他的书信里屡屡引用，用于形容生活中难以预料的事物。契诃夫也养过狗。在一张常常被作为书的封面的著名照片里，契诃夫身着大衣，手持拐杖，两只狗侍立两旁，为这位一向温和而羞涩的作家平添了威严。

1890年，契诃夫从莫斯科出发，只身前往万里之遥的远东，展开一生中重要的萨哈林之旅。萨哈林为沙俄时代关押苦役犯之地，当时从莫斯科到远东的铁路尚未开通，契诃夫搭坐轮船和马车，甚至徒步，穿越西伯利亚的茫茫雪原和泥泞之地，历经生死考验后才终于到达萨哈林岛。在萨哈林的三个多月期间，他访问了除死刑犯之外的所有犯人，仅人口普查卡就填写了上万张，为日后写作《萨哈林游记》积累了第一手素材。离开萨哈林后，他的路线不再经过西伯利亚，而改由搭船从海上到达敖德萨，旅途中他曾在香港、新加坡、斯里兰卡等地短暂停留。

契诃夫返回俄罗斯莫斯科的家中时，带回了三只从斯里兰卡得到的獴。

獴，獴科动物，具有头小、嘴尖、身长、尾长、四肢短小的外形，多分布于亚洲和非洲等地的热带地区，在当时的俄罗斯极为罕见。契诃夫将獴带回家，就养了起来。当时在契诃夫居住的莫斯科，不要说有人养过这种小动物，就是见过的人也寥寥无几。契诃夫在一封信中曾开玩笑地分别为这三只獴取了名字：小坏蛋、维克托·克雷洛夫、奥穆托娃，后两个名字是当时契诃夫不喜欢的剧作家和女演员的名字。后来，契诃夫带回的三只獴仅剩下了一只。

毕竟不同于猫狗，野性难泯，其最大的特点是对人类生活具有无穷尽的好奇心，为此在契诃夫家中制造了无数麻烦。契诃夫的妹妹玛丽雅在其回忆录《遥远的过去》中就曾历数过獴带来的种种灾难：它一举一动都俨然是家里真正的主人……房间里总是一塌糊涂，所有的东西都乱七八糟，花圃里的花被拔了出来，碗碟被打碎不少，捆扎和包装的东西都被翻出弄散，它还喜欢把女人梳好的头发弄乱，一有客人来访，就去翻人家的衣袋……

玛丽雅还在书中披露，獴特别喜欢与人在一起，独处时还会流泪，一旦发现有人来时，会激动得跳起，像狗一样狂吠，夜里还非要与某个人睡在一起，并且像猫一样喜欢打呼噜。

尽管契诃夫十分喜欢小动物，对于獴的顽皮和捣蛋也是不胜其烦。玛丽雅终身未嫁，一直担负着照料全家人生活的重任。一次，玛丽雅去女伴家中做客，仅仅离开了数日，契诃夫就去信诉苦了：“……你不在，我们紧张的家务完全失控了。没有什么东西可吃，苍蝇多得讨厌极了…… 打碎了果酱罐，等等，等等。”

最终契诃夫一家不得不与獴分手。当时莫斯科动物园恰好没有獴，玛丽雅就代表全家送了过去。后来，有了闲暇，玛丽雅也不时去动物园看望。这只小动物见了玛丽雅依然秉性不改，当玛丽雅低下头与它交谈时，它就会顽皮地将她头发上的发卡拔下来，将整个发型弄乱……

契诃夫也念念不忘他曾养过的獴，他曾在一封致好友、出版人苏沃林的信里，诉说了自己幽闭家中的苦闷，并以自嘲的口吻提到了那只寄养的獴：“如果我是个医生，我就需要有病人和医院；如果我是个文学家，我就需要生活在人民中间，而不是同獴一起住在小德米特洛夫卡街上。需要有一点儿社会生活和政治生活，哪怕很少一点点也好，而现在这种关在四堵墙内的，脱离大自然、人群和祖国的，没有健康和食欲的生活，这不是生活……”

书信中提到的小德米特洛夫卡街，正是当年契诃夫一家在莫斯科租住的地方。契诃夫念念不忘的是，无论一个作家抑或一只獴，都须臾不可脱离大自然和现实生活的滋养。

陨石

阔别多年后，在那个夏日的晚上，我们终于又回到了故乡。我和姐姐兴奋莫名，顾不上洗脸，也不等妈妈将饭做好，更不去理会爸爸的警告，就各自披上衣服出门了——这多像小时候的情景。可以想象，我们一旦出门，不等到妈妈一遍遍在矿区大院喊哑了嗓子，我们绝不会回家。

其实，此刻我们这么急着出门，也不知要去哪里。夜色一点点变浓，矿区大院也早已亮起一簇簇灯火。我该说，这么多年，矿区一点未变，从矿井上来的矿工穿着大雨鞋，依旧一身乌黑，从远处就可以发现他们灼灼闪亮的目光。还有那些早已下班的矿工们又攒足了力气，在宿舍门前嬉笑、吆喝，莫非哪个工友的媳妇来探亲了，大家正好借此闹一闹。

矿区在重重大山的挤压之下，形成一个狭长的地形，矿区里的房屋主要就集中在这个狭长地形的尾巴上。不消多时，我们就在矿区里转了大半圈。

姐姐问我，还想去哪里？

我想不起来。

姐姐就说，我们回去吧。

我附和道，好的。

蓦地，姐姐叫了一声，伸手指向夜空。

抬头望去，漆黑一片的天幕，正有一颗颗流星，拖曳长长的尾巴，急速掠过。间或有掉队的一颗，忽地一闪，又赶忙向远山追去。

我们呆立着，出神地望着天上的奇景。料想不到，接下来还有更大的惊喜在等着我们。

随着一声声响亮的呼啸，一颗颗发光物坠落下来。有的在天边，有的在近处，有的我们即使不知道在何时落下，也能看到远处发出的光亮。这会是什么？对着脚下的光亮，蹲下身来，我们几乎异口同声地喊道：陨石，是陨石！这些陨石起初很是灼热，不一会儿就冷却下来，用手抚摸，竟有光滑、温润的触感。

此时我们置身于石墙的最东头，矿区的边缘。正是这面高高的石墙，将矿区与外面漆黑的乡村和无边的夜色阻隔。这里以前有一个开水灶，矿上的人们天天前来打水，家属们也常常提了大木盆聚集于此洗衣，将水花和笑声四处飞洒。不过，可以看出，眼下这个开水灶已经废弃，因处在矿区的一个死角，白日里这里也许还有人走过，此刻则完全被黑夜覆盖，阒无一人。

这时抬头，夜空已没有刚才那般热闹，恢复了惯常的平静。间或还有一颗星蓦地一闪，拖着一条细细的尾迹，不知将坠向何方。我们在夜空下伫立了很久，开始搜集散落四周的陨石。

这些陨石有的大如婴儿拳头，有的小如山间野枣，只一小会儿，我们就拾到不少，堆积在开水灶一角，竟有小山般的一堆，在眼前发出幽幽光亮，像是黑暗中一簇燃烧的篝火。

世界愈加黑暗，也愈加沉寂。贪心的我们，并不满足，还想发现更多更大的陨石。我们分明记得，刚才夜空灿烂、群星汇集，有无数颗陨石掉落，在等待着我们去拾取呢。

于是，我们忘了爸爸妈妈揪心的等待。不知不觉间，我们走出矿区，渐行渐远。我们听到了水流哗哗的流淌声，听到了青蛙高一声低一声的鸣唱。小河边、树丛下、草地上，甚至矸石旁，我们不放过任何一个角落、任何一个可能疏忽遗漏的地方，可是，没有，一颗也没有，哪怕是小拇指般大小的陨石也没有一颗。有时，我们被远处的一点光亮吸引，凑近了看，却是不知何处灯光的反光。走到一条大路上，忽然看到一个刚从井下归来的矿工，我们赶忙跑上去询问，看到陨石了吗？就是能发光的石头。他摇着头，一脸茫然。

于是，我们又回到了矿区。至少我们还收集藏匿了一堆陨石。我们穿过一片矿区宿舍，来到石墙边被废弃的开水灶，眼前却是空无一物。我们顿时傻眼了，左找右找，也不见那堆我们垒起来的陨石。我们分明是藏匿在了开水灶的背后，这里漆黑一片，是不会被人注意到的。我们不死心，围着开水灶，翻遍这里的砖头石头，甚至一堆煤也不放过，可就是没有。

终于，疲倦已极的我们，想起了回家。

会飞的星星

满天的星星全出来了，仿佛早就约好了。我站在教室外望了半天，才发现同学们已经走得一个不剩。这是他们故意设计的。长久以来，我已经习惯了一个人上晚自习，一个人回家。

从学校走到矿区深处的家，有三四里地，一路上都是黑黝黝的，有扮作怪兽的山，有一排排跟着人走路的树，以及那始终不会停歇的鼓点般响起的心跳。但今晚不同，今晚天上仿佛打开了电闸，外面比点着煤油灯的教室里还要亮堂哩。

我上路了，哼着轻快的小曲，不是为了驱逐心中的恐惧，给自己壮胆，而是因为内心涌动着莫名的激动。我也不知道这是为什么，反正我就想这样一路唱着回去。这条常常让我心跳加速的砂石路，再也不是笼罩着阴影，而是洒满了碎银。注意到白杨树叶了吗？仿佛全都换上了新衣裳，正在微风中幸福地舞蹈。抬头看天，夜空愈加空旷，星星也愈加密集，一颗接一颗轮流在向我顽皮地眨着眼睛。我想做出回应，却怎么也赶不上趟儿。蓦地，一颗星星从星群中飞了出来，比所有的星星都要亮、都要大。我不知道刚才它在哪儿，它似乎眨眼间飞起来了。它是星星吗？如果是星星，它也应该是一颗长着翅膀的会飞的星星。

好一阵子，它始终在我头顶的上方缓缓移动，既不加快速度，也不准备停下。我就一路小跑地跟着，与它保持着一段距离。忽然，它像是要灭了，很快又仿佛充了电，变得更亮、更圆了，如一只硕大的灯笼，不慌不忙地在半空飘浮。现在我肯定它就是飞碟了。早在更小的时候，我就在家里一张包食品的旧报纸上知道了飞碟的名字，从此念念不忘。没想到现在与之相遇了。它们是谁，是从哪里飞来的？我胡思乱想着，多么想让它们停下来，在我的身边降落，反正同学们总要孤立我，我索性永远离开他们好了。可是飞碟肯定没有听见我心里的话，因为它们越飞越远了，正在一点点变小，变成一个个亮点，变得和所有的星星一样，叫我再也认不出来。夜空又恢复了我刚走出教室时的模样。长时间我愣在那里，不知道如何是好，幸福像电流一样传遍我的全身。我想起那些同学，今夜却没有如此幸运，他们总想孤立我，却永远错过了这一生中也许只有一次的目睹飞碟的机会。

一天，灿烂的星星低低地横在面前，我一路飞快地跑着，我要把这惊人的消息告诉我见到的每一个人。

灯光闪闪的矿区到了。矿区里最热闹的地方是理发室，一到晚上，这里就聚满了凑热闹的矿工。我推开门，劈头就说：“我看见了飞碟。”一屋子的人仿佛没有听懂我在说什么，全都露出了怪异的笑。

不管他们了，我急不可耐地往家里赶。爸爸上夜班去了，家里只有依然在灯下缝纫机旁忙着的妈妈。当我结结巴巴地说我看见了飞碟，妈妈放下手上的活计，激动地把我揽到怀里，然后拉上我走到屋外的院落里。

她指着满天闪闪的星星问我："是在那些星星中间发现的吗？"

我说："是的。"

"你许愿了吗？"

"许了。"

"许了什么愿？"

我说："有一天当飞碟再来的时候，带上我们全家去一个很远很远的地方做客。"

听见我的话，站在天幕下的妈妈笑了。妈妈身后那满天灿灿的星星也诡秘地笑了。

星空的微笑

很久以前，在还没有长大的时候，我喜欢一个人跑进夜的深处，仰望夜空。那时我家地处偏僻的矿区，矿区坐落于一个凹进去的山坳里，四面环绕重重叠叠的青山，头顶是一方别处见不到的晴朗而纯净的天空……这是个地图上找不到的地方，很少有人知晓它的存在，它有着被世界遗忘的宁静。

常常夜幕落下，我会溜出家门，跑到空旷的矿区大院，仰起头来。可笑的是，我如此迷恋星空，对天文学却一窍不通，星星的名字也叫不出几个。许是受了很多传说的影响，我总幼稚地以为，天上也和地上一样住满了人，星星便是他们手中提着的灯笼。可他们都是些什么样的人？是不是也和我们一样？他们整夜整夜地点着灯笼，在散步，还是在找着他们丢失的心爱的礼物？这些问题一直在折磨着我小小的脑袋，却永远没有答案。我长久地打量一颗星星，发现她其实也和我一样，在做着各种各样的表情，我朝她挤眼睛，她也朝我挤眼睛；我对她笑，她也朝我笑，可她的笑更加动人，也更加神秘……夜空下的我，一站就是大半天，最后脖子也直不起来了。矿区大院里有一株开满白色小花的苹果树，不知不觉飘落，我往往带着几片花瓣回家。

夜深了，妈妈还没有入睡，还在家里等着我。爸爸上夜班下了矿井，妈妈照例坐在灯下缝纫机旁为我们赶做来年的新衣裳。不管我多么晚回家，她都不会责怪，而是马上为我张罗夜宵，将香喷喷的小米粥和烤得脆脆的馒头片端来。每当看着我大口大口吃得香甜的样子，笑意，便在妈妈的脸上流淌。

不知我在夜空下漫游了多少日子，一个冬天的晚上，奇迹终于出现了。一颗星星，正变成一只硕大的灯笼，径直朝我飞来，它一直飞到我的头顶，然后擦过树梢缓缓飞过。它比我见到过的所有灯笼都要大，我甚至还能看到上面影影绰绰的光亮。我追赶着，直到它渐渐消失在天边。那时我还没有听说过关于不明飞行物的传说，我只觉得新奇。在矿区大路上一阵小跑，我抑制不住心跳加速，急忙将刚才的奇遇告诉了几个刚从井下回来的矿工，他们没人相信，反倒笑我眼睛花了。于是我气喘吁吁地回到家中，讲给正在等着我的妈妈，妈妈却表现出和我一样的激动。现在我仍记得她眼中含着的晶亮的光：“那是天上的宝船，看见的人一生都会幸运。”

这一生是否幸运，我不知道，但妈妈的话我一直记得。岁月如矿区大院里的那棵苹果树，总是开了又谢、谢了又开，我早已走出了那个四面环山的小小矿区，也不知不觉长大成人。在异域他乡，在长路漫漫的旅途，我仍旧会像从前那样，常常面对深邃的星空出神。我见过很多只有在明信片上才有的迷人景象，也对星空的奥秘有了更多的了解，可是，星空中的微笑迷人却转瞬即逝，那从树梢旁缓缓擦过的宝船，从此再也没有在视野中出现过。

那年的冬天比任何一年都要寒冷，在阔别数年之后，我又回到那个安卧在群山褶皱里的矿区。接连好多个晚上，我在寒夜的星空下盘桓，温习儿时的内容。一样的星星还在朝我眨着眼睛，露出神秘而迷人的微笑。可在我站立的脚下，原本空旷开阔的矿区大院，平地里长出几幢高大的楼房，使得视野变得异常逼仄和局促，曾经灿烂的苹果树也不见了踪影。更使我心中作痛的是，家中那间熟悉的老房子，再也不会有闪烁的灯火和等着我的妈妈了。妈妈是在这一年辞别了这个世界，身在异乡的我甚至没能及时赶回与她见上最后一面……伫立在老房子门前，我不知妈妈去了哪个遥远的地方，一颗很大的星，倏地一闪，莫非妈妈已坐上从星空飞来的宝船，到了天空深处某个遥远的疆域了。长久地凝视着头顶深邃的星空，在稠密的星群中间，我仿佛看见一树开得灿烂而热烈的苹果花旁，妈妈正含笑将我凝望……

凤凰山上说飞碟

最早闻知黑龙江龙江凤凰山，要回溯至二十多年前。1994年6月，凤凰山发生了一桩引起轰动的飞碟着陆事件。当地红旗林场一个名叫孟照国的职工，不但目击了传说中的不明飞行物降落，还与外星人亲密接触。据孟照国讲述，他看见的飞碟呈蝌蚪状，他在靠近时被飞碟灼伤，腿上留下了“不像人工留下的印记”。更为离奇的是随后他还被女外星人带走了一段时间，并与这位女外星人诞下一个孩子，孟照国也因此被当地人称为“外星姑爷”。若果真如此，这当是典型的“第三类接触”，即使在世界飞碟案例中也属一桩奇案。虽然孟照国事后经过了有关机构的测谎仪测试，其经历依然难辨真假，无法破除一些人对他有“臆想症”的猜测。但凤凰山有飞碟降落到林场有近百人目睹，其后飞碟数年后也曾再度光临，并有游客拍下照片为证，因此可信度极高。当时各路媒体纷纷来到凤凰山，对这一事件进行了密集报道，其中中央电视台《走近科学》栏目曾拍摄了专题片，美国《时代周刊》也专程前来采访。

通过电视和图片，乍看凤凰山并不险峻雄奇，不外乎一座相对平缓的山峰。且印象里，四海之内名为凤凰山者众多。但山不在高，有飞碟才灵，因为飞碟事件的加持，地处黑龙江的这座遥远的山峰，自那时起就在我的心中云山雾罩，凸显出神秘和诡异，也一直撩拨着我的好奇心和前往探访的冲动，但因空间和时间所限，许多年都未能成行。

去年金秋，远在东北的朋友程远创造了机缘，邀我参加采风团，活动五天的行程中有两天便安排在了黑龙江凤凰山。

终于摆脱手头工作的羁绊，我推迟了两天才得以出发。照理采风日程近半，似不必千里迢迢舟车劳顿前往，但一想起凤凰山，我毅然上路了。搭机到了哈尔滨，所幸程远及时安排了车辆，使我的行程无缝对接，紧赶慢赶，最终于当日下午赶至凤凰山追上了大队人马。晚上席间，在这个当年因飞碟降临而名噪一时的地方，新老朋友围坐在一起，话题自然不离飞碟，当我谈及我对飞碟痴迷并已关注了三十多年，坐在身旁相识多年的诗人李皓，竟也对我青眼有加，并引为同道中人，他想象力迸发，激动地回想起早在少年时代阅读《飞碟探索》期刊的往事。

谈论飞碟，也引起了采风团另一成员，小说家顾前的注意，他举起酒杯告诉我，我们刚刚认识，却很快找到了共同点，因为对飞碟都有异乎寻常的迷恋。

借着酒力，我戏谑道：在共同点之外，也有不同点，我亲眼见过多次飞碟，而你没有。

我如此说，自然不是醉话。

说起来，近乎天方夜谭，从少时至今，我总共三次目睹似飞碟的东西。

第一次目击要追溯至1980年9月23日，坐标西北崇信一中。当日为中秋节，约莫晚上八时，我坐在教室第二组，正在上晚自习，当拿起书本，偶尔向敞开的窗户一瞥，我差点发出尖叫。黛色的天幕上，一个硕大的光点正缓缓移动着。以我的判断，当时中秋月夜，星光黯淡，唯这一颗脱颖而出，格外明亮，极为“特殊”，在移动中闪闪烁烁。无奈当时老师正好走来站立在身边，使我不能马上冲出教室，任由光点从眼皮下溜走，从而留下了遗憾。

时间到了1982年12月11日，我已转至离家约一百公里的泾川一中复读。当日为星期六，晚间十点多，我从教室回到四五个同学合住的集体宿舍准备入睡。狭小的宿舍，摆着一张供同学们并排躺在一起的大通铺，我靠窗前，在吵闹声中正要合眼，忽觉窗玻璃上有些异样，一个光点一直不断闪烁晃动。起初我以为是自己的错觉，未加理会。待十多分钟后，光点变得愈加炫目，似乎在原位变幻光亮。当时我已近视，上课时才会戴的一百五十度近视镜，竟忘在了教室，一时看不真切，只好求助睡在身边的同学王一民：“那是什么？”并指给他看。王一民看过后，也大吃一惊，他称是个从未见过的怪东西，并描述它的顶部呈三角形，中间发白光，好像还有个尾巴放射着蓝光。这时同宿舍的两个同学也起身跑到窗前争看。我很是焦急，生怕它会突然消失。也不顾外面寒风刺骨，只披了件棉袄，就冲出去取眼镜。从宿舍到教室不过几十米，当我取了眼镜戴上，站在教室前放眼望去，夜空中，光点在星星的簇拥下，异常耀眼。实际上它不曾移动，只是在不停旋转。伫立在寒夜里，我一动不动，一直呆望着，渐渐光亮变得愈来愈小，直至消失……翌日一早，同学们坐在教室里已无心上课，都在议论着昨晚出现的“怪东西”。

最近一次目击则是2018年夏的一天。这也是我感觉最为真切的一次。当日下午四时多，我赴深圳龙华办事，刚下车，站在马路旁，偶一抬头，蓝天之上，一个硕大的飞行物悬停头顶。该飞行物外表光滑坚固，呈银灰色，并反射太阳光，它没有机舱、挂架或机翼一类的设备，像一枚囫囵浑圆的巨蛋。一时惊呆的我，正想呼叫马路上的行人，却见巨蛋遽然一闪，未发出任何声响，瞬间钻入云团。待回过神来，但见路上车水马龙，行人疾步，悉如平常。显而易见，视野所及，当时除我之外，无人目击天上的神秘物体。

三次目击，我均无法提供无可置疑的实证，亦即无实物、无图片。万幸的是前两次我均留下了当年的日记。翻出早已发黄的日记本，歪歪斜斜的只言片语记录了当时不明飞行物掠过的时间和地点，以及粗略的经过和印象。

飞碟，又称“UFO”，即不明飞行物的英语缩写，是飞翔于天空的神秘物体。这传说中的物体，来无影去无踪，神龙见首不见尾，多少年来，留给了人们多少虚无缥缈的印象和无穷无尽的遐想。

其实，在真实目击之外，我也曾无数次梦见过UFO，并从儿时延续到了今天。在那些光怪陆离的梦里，曾出现过如抛出的银币般跳跃闪烁的光点，还有悬停头顶的巨无霸航空母舰，黑云压顶一般笼罩了天空，表明外星人已大举入侵……这些梦境或多或少都带有《独立日》那类好莱坞科幻片的影子。难说究竟是那些科幻片“启发”了我，还是想象的触角探入了潜意识之海，竟引来飞碟频频造访。记得高中的最后一年，住在学校集体宿舍，有段时间我夜夜重复着同一个梦：我被外星人劫持了，随飞碟缓缓升空，也不知坐着的飞碟是敞篷的，还是有舷窗的，往下探，我异常清晰地体验到飞碟正低低掠过校园上空，冷风扑面而来，飞碟底部擦过树枝发出了沙沙声。

这些梦境如此逼真，使我一度误以为经历了真实的UFO劫持事件，翌日发觉自己毫发无损地坐在课堂，我才如梦初醒……这些亦幻亦真的体验，模糊了真实和梦幻的界限，以致那段时间我总是精神游离，意志恍惚，难以潜心功课，面对接下来的高考大战，也就注定败北了。

“花非花，雾非雾。夜半来，天明去。来如春梦几多时？去似朝云无觅处。”借用白居易的词句，也许正可隐喻飞碟这传说中的物体的诡谲和迷离。

然而，这个星球确有许多人真真切切地目睹了不明飞行物的存在，多年来，世界各国被公开的无数不明飞行物目击报道便是实证，他们当中也均非我这等凡夫俗子，还有不少科学家、空军飞行员、专业人士以及政治领袖，比如其中就有美国前总统卡特和加拿大前国防部长保罗·赫利尔这类身居高位者。多年前我在江苏某机关供职，我的上司，一位曾任空军某飞行大队政委的转业干部，曾经向我透露，当年他们许多空军飞行员在夜间飞行时都曾目睹过不明飞行物，对此已是见怪不怪。虽然他不曾提供更多的细节，听后依然使我震惊不已。

作家、诗人中，目睹不明飞行物者也大有人在，这里单说说三毛和流沙河的奇遇。

早在进入大学之初，我就读过三毛的《撒哈拉的故事》《稻草人手记》等书，印象最深的除了她与丈夫荷西的罗曼史和摇曳生姿的异国情调外，还有星空下她与荷西在沙漠深处卧看飞碟来临的浪漫经历。在《逍遥七岛游》一文中，三毛曾详细记录了她在撒哈拉沙漠先后两次目睹不明飞行物的情景。

“一次是在深夜，那可能是眼误，一次是黄昏在沙漠下方的一个城镇。第二次的不明物体来时，整城停电，连汽车也发不动，它足足浮在那儿快四十分钟，一动也不动。那是千人看见的事实，当然那亦可能是一个气球的误会，只是它升空时所做的直角转弯，令人百思不解。”

关于沙漠夜间第一次邂逅UFO，三毛后来在写给UFO专家林文伟的信中说道：天空出现橘色飞行体，发出子弹似的小东西，如母机分出小机在飞。三毛表示当时觉得害怕、紧张。

刚刚辞世的诗人流沙河，因为生前痴迷于飞碟，被网友演绎为最终被飞碟接走了。这位不失顽童本色的诗人生前是一个狂热的UFO发烧友，不但长期阅读《飞碟探索》之类的书刊，还加入了飞碟研究会，甚至身体力行进行科幻题材的创作，他曾在《科学文艺》发表过两篇科幻小说，其中一篇《飞去的大铁环》，讲述的就是飞碟和农村孩子的故事。

1977年7月26日晚，流沙河正在成都家中写作，忽听堂妹呼唤他去看户外空中一个不明飞行物体。他急跑出去，远远地看见西北方的天空中有一条发光的螺旋形烟雾，“其形状好像一盘蚊香，中心是一个亮点。”烟雾自中心亮点向外做螺旋线引出约三圈后缓缓向西北方向飞去。据说，当时正在成都出差的云南天文台的一名工作人员，也看到了这一奇景。

好了，该回到凤凰山了。

当晚，下榻于凤凰山林区，当年传说飞碟降临的地方，我并未表现出异乎寻常的激动，反而出奇的平静。进入暮夜的林区一片静谧。我并无神秘的感应，更未曾与UFO有过神秘的约定，也许属于孟照国的UFO还在另一个维度，还在若干光年之外的星途漫游。

时值深秋，林区气温骤降，即使相隔一百多公里的五常气温尚在十度左右，这里已低至四五度。当晚我将宾馆内的两床被子悉数盖上，睡至天明方才醒来。竟是一夜无梦。

翌日上午，我们坐上林区中巴，向凤凰山深处进发。天气晌晴，阳光四处跳跃，窗外一片耀眼的金黄，树木高低错落，构成了原始次生林的风貌。据说如今凤凰山不再以发展林业为主，而是专注于旅游业，目前已开发了八大不同的主景区，其中就有选址在当年传说UFO着陆点的UFO探秘景区。我看到分发的宣传册上的效果图，一架巨大的圆盘建筑物凌空飞起，矗立于连绵群山之间。图中的圆盘建筑物就是当年在凤凰山林区着陆的不明飞行物造型。据闻建成后，将成为中国首个以UFO探秘为主题的公园。

年轻的林区宣传部赵部长，恰与我坐着同一辆中巴，我向她问及对孟照国接触飞碟及外星人事件的看法，她说当年现场有百名林场工人目击似飞碟的物体降临，应该是真的。至于孟照国与女外星人生子成为“外星姑爷”的传闻，她不置可否，表示难以证实。

当汽车行至凤凰山山脚下，我才得知，我们采风团将要登临的路线并不经过UFO探秘景区，而是沿空中花园景区进发，这不免让我遗憾，毕竟我是冲着UFO来凤凰山的。这也意味着传说中的UFO着陆处，那些被磁辐射烧灼的松树，以及新长出的特殊植物、许多被强力击碎的岩石等神秘现象都将无法实地勘察。

凤凰山属于长白山的分支——张广才岭的主峰，绵延横亘，如一只摊开的巨掌，向四下伸展。要爬上这座山峰拼的是持久的耐力，一路逶迤，走走停停中，忽地一面UFO观景台的横幅遥遥在望，将我们引向山顶的观景台。站在这里，极目远眺，绵绵群山，尽收眼底；高山偃松如矩阵般排列，煞是壮观。观景台上设立了一个小卖部，一个包裹着头巾只露出眼睛的东北女子长期在此驻守，售卖同心锁、旅游纪念品，还兼顾拍照，并照看一架高倍望远镜。同伴推断，观景台对面的平缓空地为UFO着陆点，我也信了，心想，飞碟驾驶员可真会找地方，也知道要在平坦处降落。不料眼前的女子纠正道，远处那座凸起的山峰才是真正的飞碟着陆现场。聊了几句，她慷慨地让我们免费使用高倍望远镜。

透过望远镜望去，浑似压扁的馒头的山峰尘土飞扬，似有挖掘机和工人在施工作业。显然这是已经动工的UFO探秘景区工地现场。

如果那里确为当年的飞碟着陆点，也再次印证了无数飞碟目击报道呈现的事实：飞碟往往降落于人迹罕至之处，也似乎有意要避开喧闹的城市和人群。记得一位美国印第安学者在其所著的飞碟人类学《天空来的人》一书中，谈到在考察墨西哥某遗址时，一位印第安少年曾告诉她，以往飞碟频频来访，但随着游客的不断增多，天人（外星人）就越来越少了。若果真如此，看来外星人也不喜欢热闹的场所。因此，假定外星人有朝一日真要访问地球，我们恐怕不能指望他们会驾驶UFO的乘具在白宫草坪，或是巴黎凯旋门前徐徐降落。作为陌生的星际他者，大概不会像地球人那样行事高调，注重仪式感。

看完飞碟着陆点，接着下山，一路落叶纷纷，飒飒风声穿过林海。

下山途中，我忽然好奇起来，多年以后，那个如今早已远走高飞的飞碟事件的主人公孟照国（据闻如今在哈尔滨打工）会不会萌发重返现场的念头?

曾经观看过一段孟照国的访谈视频，对这位朴实的林场工人的一段话留下了印象。他说，不要对飞碟这类事物过于痴迷，即便你研究了一辈子，也不会有任何结果。孟照国如此说，也使我颇为触动。世界各地不乏UFO的信徒，还有一种谓之UFO猎人，搜尽奇峰，终生追踪飞碟的下落。这是不是孟照国对那些UFO终生痴迷者的当头棒喝呢?

不过，正是因为UFO，孟照国不但爆得大名，甚至为此还频频出访和出镜，迎来了一个林场职工一生无法想象的高光时刻。而在繁华落尽，一切归于平静之后，这位曾名噪一时的林场工人，对自己的神秘际遇能持“平常心”淡然处之，甘于平凡和庸常，亦属难能可贵了。

我在想，孟照国未曾道出的恐怕还有，与UFO的邂逅终究是一种缘。假如一切如他所言，在他与女外星人和他生下的孩子团圆前，太阳照常升起，生活还需继续，一切仍将在旧有的轨道上滑行。

至于我，也依然持这样的信条，与世间许多神秘的相遇一样，飞碟这传说中的神秘物体，终究可遇不可求。那么，在我内心深处是否还渴望与飞碟有第四、第五次偶遇呢?我不知道，我所做的只能是听天由命。不过若有闲暇，我还会不时抬头仰望，不放过天空里出现的任何可疑的蛛丝马迹，去捕捉来自云端的神秘呼唤。

后　记

这本集子收录了近60篇文章，时间几乎跨越了二三十年。其中大多数为近年所写。早期作品也尽量保留，之所以如此选择，是为了体现时间在写作中的意义。

我不知道一生中一个人的写作能够持续多久，是不是经年持续不断地写作，就一定会走得很远？一个令人沮丧的事实是，答案也许是否定的。又要说到契诃夫了（我在书中多篇文章中都谈及这名俄罗斯作家）。从1860年出生，到1904年去世，契诃夫只活了短暂的44岁，如果从他1880年在《蜻蜓》杂志推出处女作算起，直至1903年发表最后一篇小说《未婚妻》，其写作生涯也仅仅持续了20多年。但他的创作力极具爆发力，犹如与时间赛跑般，留下了10卷本的《契诃夫文集》，其中700多篇短篇小说、8部剧作，甚至一度他还有过写作长篇小说的打算。此外，他还留下了不计其数的书信和札记。须知如此惊人的创作力即使众多高寿的作家也未必能够企及。

放眼世界文坛，契诃夫并非个例，像这种“只如流星之一闪”的作家还有很多，如普希金、卡夫卡、叶赛宁、兰波，等等。从这些例证中可以看出，作家从来不以写作生命的长短论英雄，也就是说写作生涯的长与短，其实与写作者所取得的成果并非成正比。那么，在我已经持续数十年且还将进行下去的笨拙写作中，并非就会出现“开满鲜花的草原”。于是这样的写作也就只有时间的意义了，无非是流逝的岁月使我安心，为未来留下可以抚摸、可以回忆的时间胶囊。

这本书的内容多与行走有关，极具讽刺意味的是我并非一个热衷于旅行和行走的人，这里的不少篇章不过是在庸常生活中，偶尔出行归来后的观感和记录。我留下了这些文字，也意味着在我的内心其实隐藏着一个不可知的远方，偶尔的出走、极其难得的旅行便成为突破贫乏生活的一个出口，无异于心灵的放风和精神的深呼吸。与那些非熟悉的地方绝不下笔的写作者不同，偶到一地，对于别处和远处的风景，我保持着足够的好奇心，也珍视初来乍到的新鲜感。于是那些不期而遇的人和风景，便构成了记忆中“一见如故的季节”。

从这个意义上说，这本书写到了自己，其实也写到了世界——尽管是并不广阔的世界。

张檣

2020年10月于深圳